鮨さいとう

鍛錬と挑戦

齋藤孝司

KADOKAWA

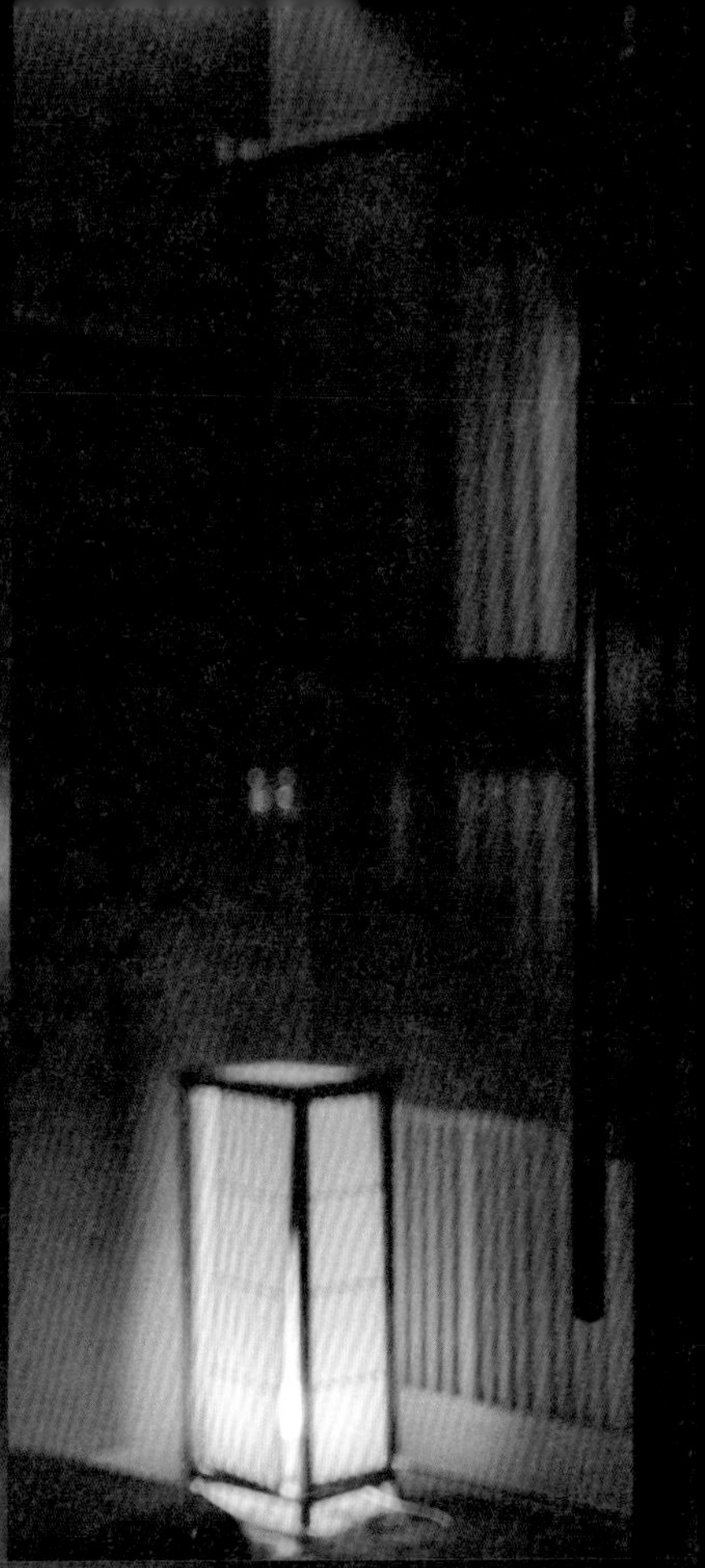

さいとう

まえがきにかえて

私たち鮨職人は毎日同じ仕事を繰り返しています。繰り返しは鍛錬の基本です。ただ、この繰り返しをつまらないと思い漫然と仕事をするか、毎日何かを発見できるかで大きな差が出ます。日々の繰り返しの中で自分に課題を与え続けることで心身は鍛えられるのです。

私は恐らく地球を一周するくらいの数の鮨を握ってきました。そして、握り一つ一つに気持ちを込めてきたつもりです。その鍛錬のお陰なのか、ここ数年何も考えなくても自然に体や手が動き、自分の理想に近い鮨を握ることができています。自我から解放され意図することなく「無心の境地で握れる」ということほど楽なことはありません。もちろんまた壁にぶつかるかもしれません。でも壁だけでなく、チャンスが来た時に応じられる実力、精神力を備えておけば挑戦の場がひらき、新たな景色を見ることができると信じています。独立して20年、少しだけ何かがわかってきた今、私の鮨職人としての人生を振り返りながらその経験、思いを語り、未来に繋《つな》ぐことができたら……。そんな思いでこの本を作らせていただきました。

目次

第三章　つまみ

第四章　舞台裏

第一章

おもてなし

ある日のさいとうの様子

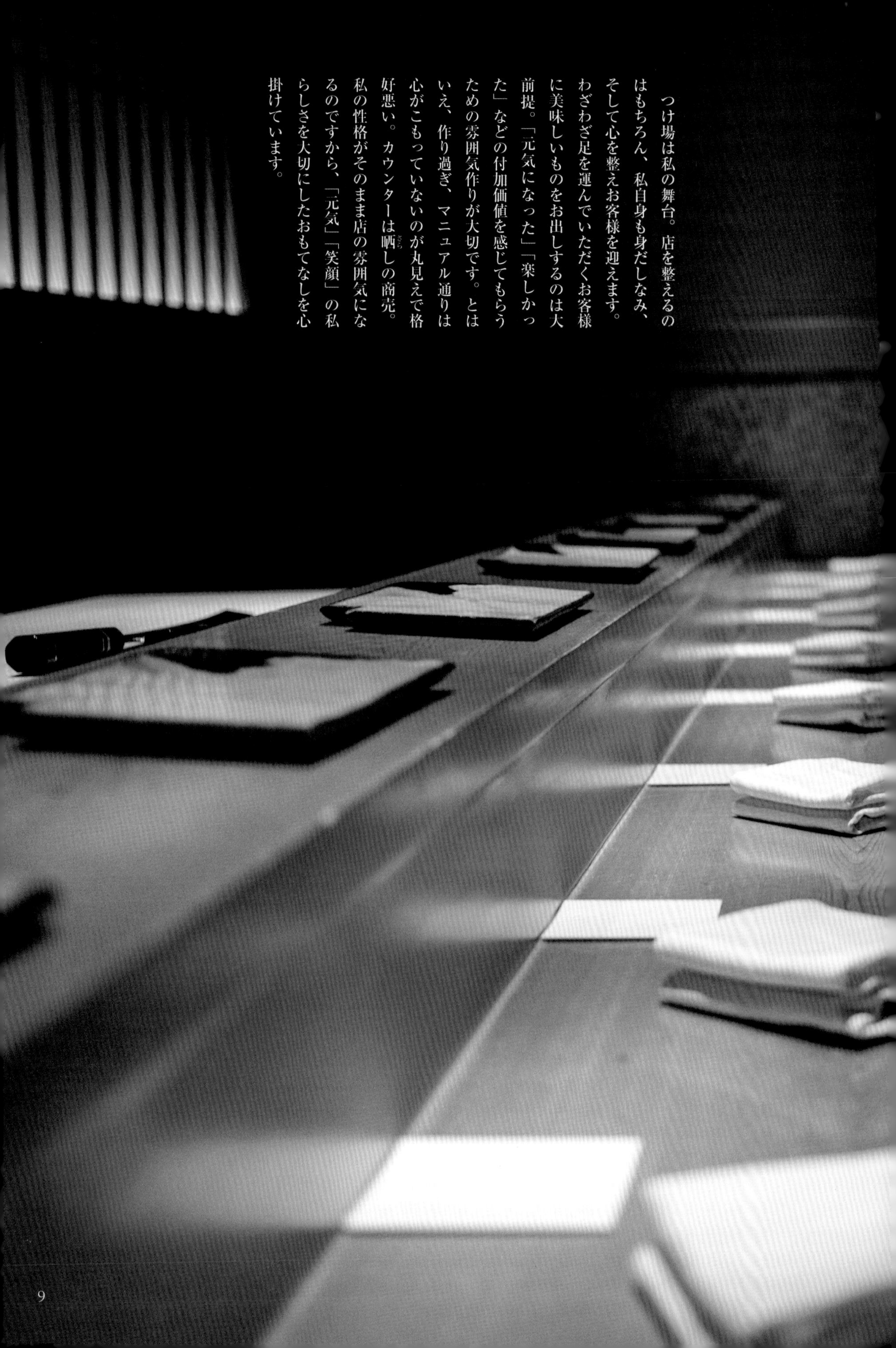

つけ場は私の舞台。店を整えるのはもちろん、私自身も身だしなみ、そして心を整えお客様を迎えます。わざわざ足を運んでいただくお客様に美味しいものをお出しするのは大前提。「元気になった」「楽しかった」などの付加価値を感じてもらうための雰囲気作りが大切です。とはいえ、作り過ぎ、マニュアル通りは心がこもっていないのが丸見えで格好悪い。カウンターは晒《さら》しの商売。私の性格がそのまま店の雰囲気になるのですから、「元気」「笑顔」の私らしさを大切にしたおもてなしを心掛けています。

店内を整え、自分自身も整え
魂を込めた「いらっしゃいませ」で
幕を開ける

つけ場は舞台です。お客様をお迎えし、約2時間でお客様を幸せにするのが私の使命。演劇やコンサートなどのライブ、あるいは1冊の本、1本の映画と同じではないかと考えています。暖簾《のれん》を潜《くぐ》ったところからストーリーが始まります。

幕開けの第一声は重要です。魂のこもった「いらっしゃいませ」と気持ちのいい笑顔でお出迎えする。「なんか元気になるよね」「さぁ、楽しむぞ!」とお客様の気持ちが明るくなるよう私自身はもちろんですが、弟子たちにも挨《あい》拶《さつ》と返事には必ず魂を込めるよう話しています。

声だけでなく、立ち居振る舞いも気持ち良い雰囲気づくりの大切な要素です。どうやったら格好良く見えるのか……。駆け出しの頃は、声の出し方、手の動きなど映画を観て俳優の動きからヒントを得たり、好きなアーティストのコンサートで観察したりして自分の中に取り込んでいきました。

おまかせコースで一斉スタート。飲食店の多くはこのスタイルが主流になりました。お客様の口に入る時間から逆算し、最良のコンディションでお出しできるよう仕込みができますし、全てのお客様に間合い良くお出しすることができるので職人にとってもお客様にとっても良いスタイルだと思っています。

　でも、鮨の食べ方には決まりはありません。こちらのエゴを押し付けず、自由にお客様が一番美味しいと思えるスタイルで

お客様に笑顔になっていただきたい
その思いに向かって最善を尽くすだけ

楽しく召し上がっていただきたい。つまみは2、3品で握りをしっかり食べたいという方、つまみで出しているものを握りでという方、握りだけサクッと食べて1時間で帰りたいという方など、さまざまなご要望に添えるよう尽力しています。今は常連の方ばかりなので食べ方も好みも把握し、いらっしゃる前から準備もできるため昔に比べて焦ることなく対応でき、気持ちが楽になりました。

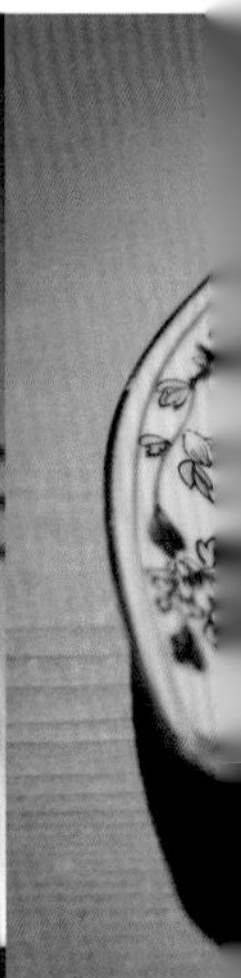

蘊蓄はほどほどに
一番美味しいタイミングで
味わっていただきたい

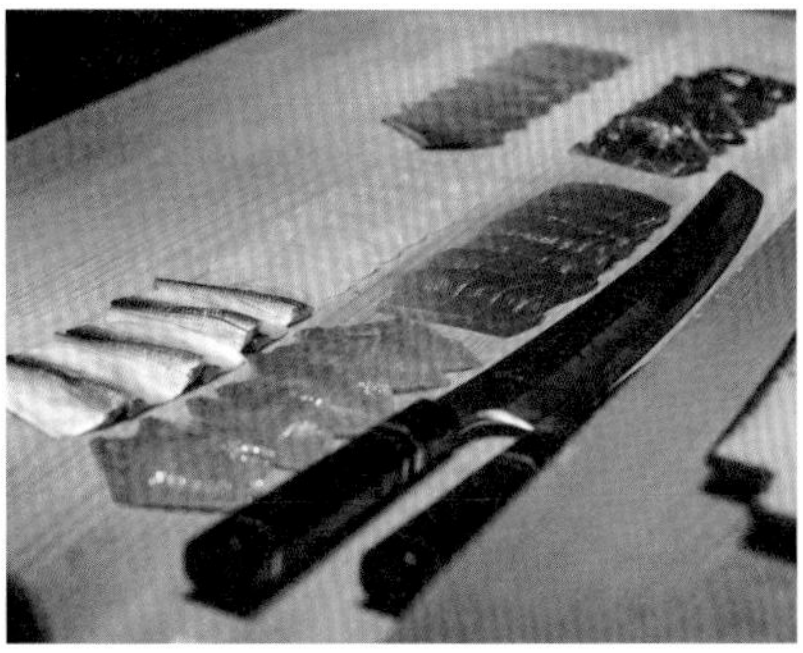

私がこの職業についた原点は、地元の鮨店で「みんなを笑顔にできるいい仕事だな」と感心した経験です。この気持ちは今も変わりません。

笑顔で「美味しいね」と言っていただくにはどうしたらいいのか。それはとてもシンプルです。万全の仕込みで準備を整えたものを、冷たいものは冷たいうちに、熱いものは熱いうちに、人肌が心地よいものは人肌でなど間違いなく美味しいタイミングでお出しする。こういった飲食店として当たり前のことを、裏方として仕事をしている弟子たちがちゃんとやってくれているかどうか、最終チェックを怠らないことです。

とはいえ、厳しい表情でつけ場に立っていてはお客様に緊張感が伝わり、気持ち良い食事の妨げになってしまいます。楽しく会話をし、笑い合いながら食事を進めていただけるよう心掛けつつ、細部まで目を光らせる。お客様の真の笑顔がいただけなかった日は、仕事を終えてから結構落ち込みます。ですからそうならないよう、弟子ともども最善を尽くせるよう気合いを入れて「おもてなし」と向き合っています。

ネタの蘊蓄《うんちく》はあまり語らない主義です。まずは味わって、蘊蓄抜きにご自身で美味しいか、好みかそうでないかなどを判断して欲しい……。私自身、お店であまり説明を聞かないタイプなんです。それよりも目の前に出てきたものをすぐに食べたい。マナー違反かもしれませんが、

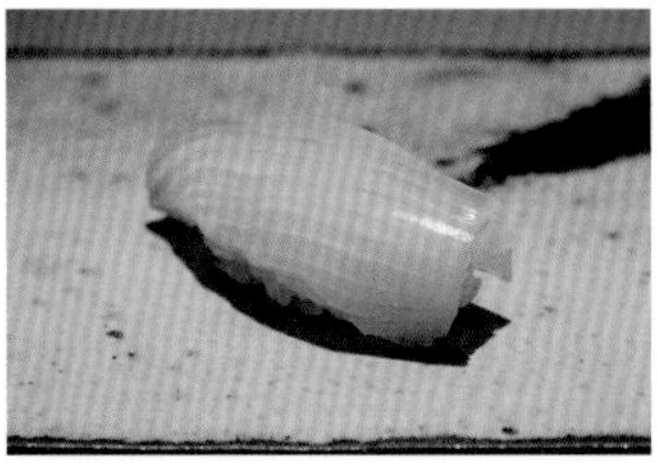

フレンチを食べに行っても説明の途中で食べ始めてしまいます。目の前に置かれたタイミングが一番美味しいはずですから。握りもつけ台に置いたタイミングが温度もやわらかさもベストコンディションです。なので、すぐに口に入れていただけると嬉《うれ》しいですね。

味わっていただいてから「美味しいね、今日はどこの魚?」「何日寝かせたの?」などと聞かれたらもちろん喜んで答えます。ネタをきっかけに季節感や漁師さんの苦労、仲買さんの努力などをお話しできるチャンスですから。でも、旬や産地、魚の〆方、仕込みの手法などに固定観念を持っていただきたくないという気持ちもあります。私の知らないいいものもきっとたくさんあると思うからです。

私の握りは私しか握れません。ネタ自慢をするために握っているわけではなく、自分がいいなと思ったネタを自分なりの考えで仕込み、シャリとのバランスも考えながら切りつけをして握る。でも考え過ぎるとぶれが生じてしまいます。美味しく握るために大切なのは、自分のありのままを表現するための自我の解放ではないかと感じています。

握るという仕事は、ゴールは決まっているけれど技法はありません。あるのは、無駄な力を入れず、手のひらの体温がネタに移らないよう、できるだけふわっと握る、というおおまかなイメージだけです。握りを手の中で回転させるときの型として、「小手返しより本手返しの方が美味しくなる」とか、「捨てシャリをしないのがベテラン」などと言われたりすることもあります。当然憧れの大先輩方の真似から入るわけですが、呪縛にかかると自然な動きができなくなります。ずっとやっているうちに心地よい動きを見つけて自分のオリジナルになっていく。一番握りやすい自分なりの自然体を見つけることが一番だと

「わぉ」と驚かれるような
鮨ではなく
「やっぱり「さいとう」は美味しいね」
としみじみ言ってもらえる
鮨を握りたい

思っています。
不思議なことですが、私の手はつけ場に立った瞬間から冷たくなる気がします。そうなるように意識しているわけではないのですが、美味しい鮨を握りたいという思いが自然に脳に伝わり、血液を冷やしてくれているのかもしれません。握る時には魚のコンディションやお客様の好みを考慮して山葵《わさび》の量、煮切り醤油の塗り方なども微調整します。ものすごく考えながら握らなくてはいけない印象ですが、鍛錬を積んでいると、一瞬無になり掌の中だけに意識が集中する、でもお客様とも会話ができているということが実現するんです。10年くらい前から無意識下で自分の握りを獲得できたと実感できるようになりました。
自分が心地よく握っているのが伝わるのか、「ほっとするね」「しみじみ美味いよね」というお客様の反応や、「美味しさと握りの美しさが一致している」と褒めていただくことが増え、嬉しく感じています。

独立した2007年の秋にミシュランガイドが日本に上陸し、1年目に一つ星、翌年に二つ星、そして2010年には三つ星の評価をいただきました。当時の私はミシュランという存在すら知らなかったのですが、食べログなどSNSでの口コミ評価が始まったタイミングでミシュランの星もいただき、時代の潮流に運良くのれたことには感謝しかありません。顧客の方の紹介、口コミという地道な客層開拓が一気に変化し、電話が鳴り止まないという全く想像していなかった世界が訪れたのです。

嬉しいことでもありましたが、反面心乱される日々でもありました。仕込みに追われながら、予約の問い合わせはもちろん、星付き店のブランドでビジネスをという話も次から次に舞い込んできます。集中力を保つのに必死でした。「評価」というものにも知らず知らず縛られ、お客様に対する態度も、サービス過剰、あるいは威厳があるように見せなければという気負いなど、今思えば背負わなくていいものまで背負って空回りしていました。仕事が終わる頃にはぐったりと疲れ、「あのお客様にはもっとこうしたかったのに」「いつものお客様にはうまく対応できたけれど、初めてのお客様は楽しんでいただけていなかったに違いない」など、できなかったこと、反省点ばかりが頭の中を走馬灯のようにぐるぐる廻《めぐ》ります。さらにミシュランの星が発表される時期には「全然気にしていませんよ」と表面的には平静を装いながらも「星を落としていたらどうしよう」と不安に駆られていました。

私はどちらかといえばサービス精神旺盛《おうせい》なタイプなので、一辺倒な対応ではなく、それぞれのお客様の楽しみ方に対応したバリエーションのある接客で満足度を引き上げたいと思っています。評価を気にしていた頃は、お客様に合わせようという気持ちが強過ぎてサービスが過剰になっていたのかもしれません。とあるお客様に「痒《かゆ》い所に手が届くサービスは意外と魅力的ではない」と言われたことがありました。

気が利き過ぎるとわざとらしく見えてしまう、というか「こういう時にはこうする」というような項目を増やしてマニュアル的に対処するようになってきます。それではお客様に真心は伝えられない。どこかでもっともっと評価をいただきたいと思っている自分がいるのかもと、サービスのあり方に悩まされていました。

こんな思いを続けていたら精神がもたないと、三つ星を保持するようになった5年目からは顧客の方のみ予約をお受けするようにしました。自分らしさを取り戻しながら、お客様との信頼関係を深めるということに注力しているうちに三つ星というものを維持して10年が過ぎていました。そして、評価や星が自分のすべてではないのだから、返上してもいいのではないかと考える余裕が出てきました。

とはいえ、「三つ星があるから来ていたのに」とがっかりされるお客様もいるのではないか、親が「何事かやらかしたのか」と心配するのではないかなどかなり悩みました。お客様に事前に「どう思いますか?」と意見を聞くのも気が引けたので独断で決めたのですが、結果、多くのお客様に「よく

星の返上で「本当のもてなし」に気付かされた

やった！」と言われ、私の決断は間違っていなかったとホッとしました。

評価されること、賞を取ること自体はモチベーションになるのでとても嬉しいことです。顧客の方も自分ごとのように喜んでくださいます。ただ、評価とは後からついてくるもので、星や高得点が欲しくて仕事をしているわけではありません。私のように運良く星をもらえるものもいますが、審査員の方が行っていないだけのいいお店もたくさんあります。

星を維持した10年間、凄《すご》い世界を見せてもらいました。いいことも嫌なこともたくさん経験し、私の心はとても成長できたと感じています。その上で星を返上したことでより視界が広がったことも確かです。この段階を踏んだことで「本当のもてなし」にも気づくことができ、お客様と共に楽しい時間を過ごさせていただいていることに感謝しています。

第二章

鮨

「握り」の仕事は、料理と違ってゴールは決まっていますが技法はありません。「無駄な力を入れず、体温がネタに移らないようできるだけふわっと握る」と教えられますが、それだけが美味しく握るための正解でもありません。見よう見まねで握り続けているうちに自分の中に基準ができていきます。ここ10年くらいでしょうか、自分の中に迷いがなくなり、無の境地で握れるようになりました。

さいとうのシャリ

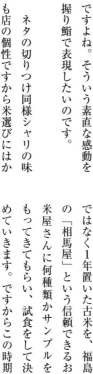

私は銀シャリが大好きです。白いご飯と焼き魚、あるいは白いご飯と焼肉を食べるとき、「美味いなぁ」を連発しています。おかずを引き立てるご飯は、水分少なめでやや硬め、口の中で粒感が感じられ噛《か》むたびに甘みを感じるものが私の理想。ご飯の温度も大切です。焼き魚に醤油《しょうゆ》を垂らし、炊きたての銀シャリをほおばる。幸せですよね。そういう素直な感動を握り鮨で表現したいのです。

ネタの切りつけ同様シャリの味も店の個性ですから米選びにはかなり神経を使います。

鮨のシャリの理想も、銀シャリとほぼ同じです。硬めで粒感を感じられるよう、やや大きめの粒のお米が好みです。秋になると新米ではなく1年置いた古米を、福島の「相馬屋」という信頼できるお米屋さんに何種類かサンプルをもってきてもらい、試食をして決めていきます。ですからこの時期は気持ちが落ち着かないですね。さらに大変なのは次の期の前にお米がなくなってしまった場合です。1年経っていないお米を使うことになるので、いろんなお米をブレンドしながら試食を重ねなければならず、納得できるお米やブレンドの比率が決まるまで気が晴れない日々が続きます。

合わせ酢は赤酢と塩のみ。キレがある味が好みなので、塩は強めかもしれません。ネタに合わせてシャリを何種類か用意する器用な職人さんもいますが、私は1種類のみ。「シャリは握りの土台であ

主役のネタを引き立てる名脇役

り、ネタを引き立てる脇役」というのが私の考えです。シャリで個性を出そうとすると迷走しがち。土台が決まらないとネタとのバランスが悪くなり、ぶれるかもしれないからです。魚は個体差もありますし、季節はもちろん日によっても変化するもの。ですからシャリは、どんなネタにも合うような味に決めておいて、ネタの方で切りつけや山葵《わさび》、煮切り醤油の量などを微調整して合わせていきます。

握る時のシャリの温度は人肌くらい。やや高めなのが特徴です。シャリ切りをしたら保温し、手元のお櫃《ひつ》にまめに補充しています。シャリが温かいと魚の香りがあがってきます。素材はもちろん、仕込みがしっかりしていないとシャリの温かさは仇《あだ》になります。厳選の素材、適切で丁寧な仕込みだからこそ、温かなシャリとともに、魚の香り、味わいを余すことなく堪能《たんのう》していただける。口の中での一体感にもシャリの温もりは重要な役割を果たしているのです。

山葵《わさび》

山葵は小さいと風味が足りないですし、育ちすぎていると色が悪くなります。

いろいろな産地、農園のものを使ってきましたが、今は静岡県の秘境と言われる梅ケ《うめが》島《しま》の「杉山農園」に落ち着いています。清らかな湧水《ゆうすい》のみ、豊かな自然の中で2年ほどかけてゆっくり育てられた山葵は、辛味、香り、甘み、色すべて美しいと感じています。握りは、ネタとシャリだけでなく名脇役の山葵が加わることで味のバランスが取れます。

煮切り醤油も同様ですが、ネタによってはもちろん、同じネタでも日によって違う脂ののり具合で山葵の量を調節しています。

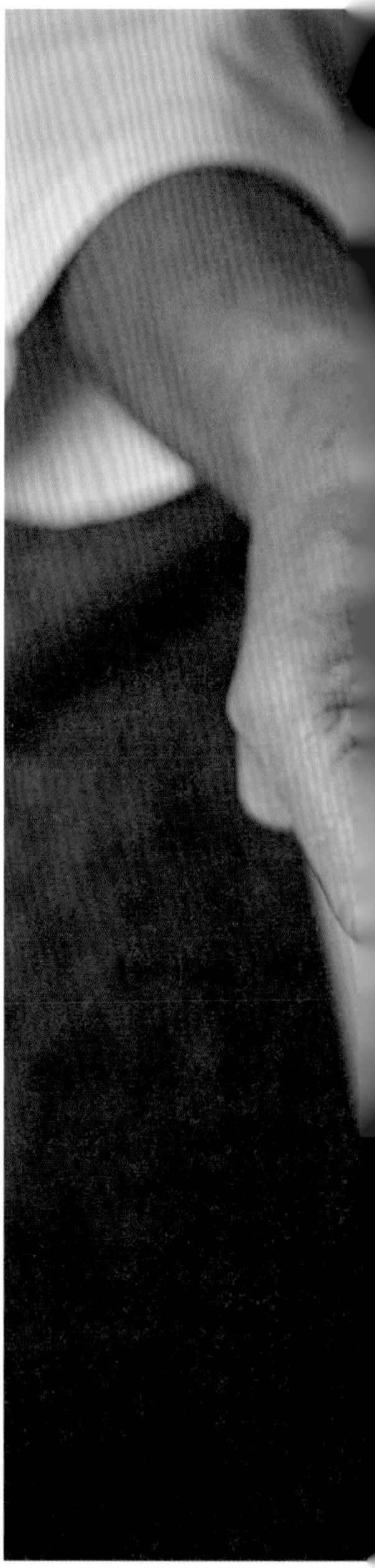

ガリ

生ものと生ものの間で口の中をリセットしていただく役目を担うガリ。甘過ぎず、辛過ぎずを心掛けて仕込んでいます。

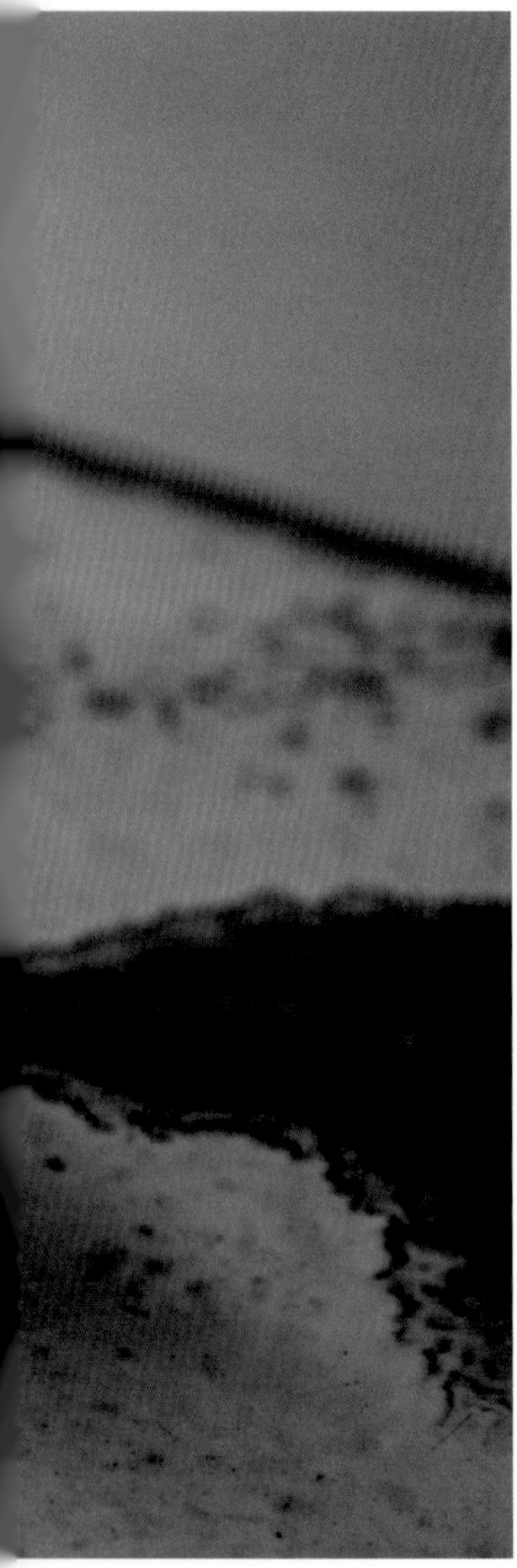

鰈《かれい》

握りのスタートは、昆布に挟み氷室で寝かせた白身 甘みがじんわりと広がる

握りの1番バッターは白身。最初からガツンとインパクトのある味よりも、まずは繊細で品格があり、シャリの味も意識しながら咀嚼《そしゃく》して旨《うま》みを楽しめる握りで「さいとう」の味を理解してもらいたいからです。

季節によって、星鰈、松川鰈、真子鰈、あるいは平目、鯛などをお出しします。正面から見て体が高いもの、つまり肉厚で身が詰まっているものがいいですね。朝捌《さば》いて柵《さく》にし、昆布に挟んでから氷室で寝かせます。適度に水分が抜けて身が締まり、程良い粘りと弾力のある食感に。繊細な脂がほんのり緩み、甘さがじんわり感じられるようシャリの温度はやや高めで握ります。

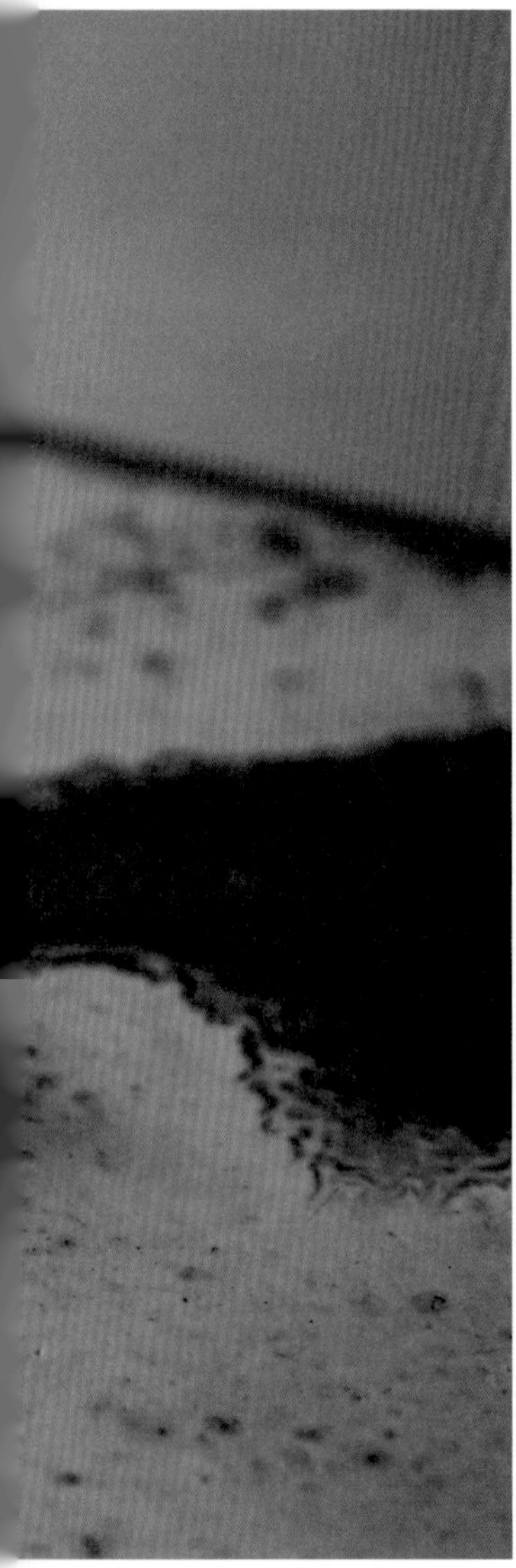

鰤《ぶり》

脂が多く旨みの強い鰤
薄めの切りつけで
舌の上でシャリとネタが一体に

淡白な白身の次は、脂が多めで、旨みも強い魚。冬なら鰤や金目、夏場は縞鯵《しまあじ》をお出ししています。鰤は北海道・羅臼《らうす》、新潟、富山・氷見《ひみ》の冷たい海のものが脂が繊細でいいですね。シャリの温度はやや高め。舌の上でシャリと脂と旨みが一体になるよう、鰤は表面を広く薄めに切りつけています。

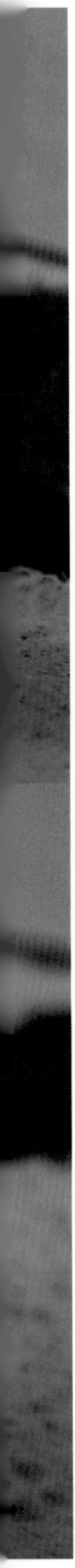

小鰭《こはだ》

小鰭の新子を握るのは、味や香りがのってくる8月頃。いつもと違うやわらかな食感を愛《め》でる特別な小鰭です。1~2枚付けで包丁も入れずに握ります。2~3週間限定の旬の味。「おっ、新子だね」とお客様の顔が輝くその表情を見るのも嬉しい時期です。

秋から冬にかけて身が厚くなっていく小鰭。その日の皮の感触で「今日は1本だな」「皮が厚くなったから2本にしよう」と包丁の入れ方を変えていきます。味や食感はもちろん、季節による姿形の変化を楽しんでいただけるのも小鰭の魅力です。

江戸の心を伝えるネタ
丁寧に手当てを施した小鰭は
はんなりとやわらかな食感

上／8月頃の新子
下／秋から冬の小鰭

銀色から深い青へのグラデーションと斑点《はんてん》が美しい皮目がシックで、まさに江戸《えど》の粋を感じる小鰭。「鮨屋の好みは小鰭を食べて決める」という方も多い「看板」的な存在です。というのも、塩、酢で締めるネタなので、その分量の加減や漬け時間、寝かせる時間で香りや食感、味わいが大きく変わり、店のスタイル、考

笊に塩を振り、開いた小鰭を並べる。

上からさらに塩を振る。10分経ったら味見。
皮の硬さや身の厚みによって10～20分の幅で調整し、酢洗いして酢で締め、2日ほど寝かせる。

え方はもちろん、丁寧な仕事ぶりなど職人としての技量を見せることができるからです。

小鰭は、生まれて1～2ヶ月の稚魚を新子《しんこ》と呼び、成長するにつれて小鰭、なかずみ、このしろと名前が変わる出世魚です。季節や産地によって大きさが変わるので、仕込みの加減も日によって見極めが大切です。

新子の時季は初夏。5、6月頃に生まれた赤ちゃんですから小さいだけでなく身もやわらかく繊細です。初物好きの江戸っ子は「新子を食べないと夏が来ない」と言ったそうですが、今も新子を待ち望んでいるお客様は多いですね。初値は、年によって違うものの1キロ10万～20万円とべらぼうに高くなります。江戸の頃はおそらく7月後半、2～3枚づけで握られていたのではないかと思いますが、私が鮨職人の道に入った30年くらい前から小さければ小さいほどいい、というような風潮になり、6月初旬の体長5㎝にも満たない新子（仕込み後は2㎝ほど）を、8枚とか10枚づけで握っていました。そうなると仕込みは無間地獄。いくら稚魚でも鱗《うろこ》を引き、ヒレを取って頭と尾を落とし、開いてワタを取るという作業は同じですから捌いても捌いてもなくならないんです。しかも身も皮もやわらかいですから、力加減もかなり気を遣います。

私が新子を握るのは8月になり体長が8㎝を過ぎる頃からです。修業時代の苦行のトラウマのせいではなく、味がのってくるのでシャリとのバランスも取りやすいですし、香りに小鰭の要素を感じながらもやわらかい食感……。この感じが私は一番好きですし、食べる方にも小鰭の赤ちゃん、ということを実感してもらえると思っています。

9月も半ばになると、体長が10㎝を超えてきます。寒くなるにつれ身も厚くなっていくので、皮目に包丁を入れます。職人によってこの包丁の入れ方もさまざま。味だけでなく、季節による姿形の変化を楽しんでもらえるのも小鰭の魅力ですね。

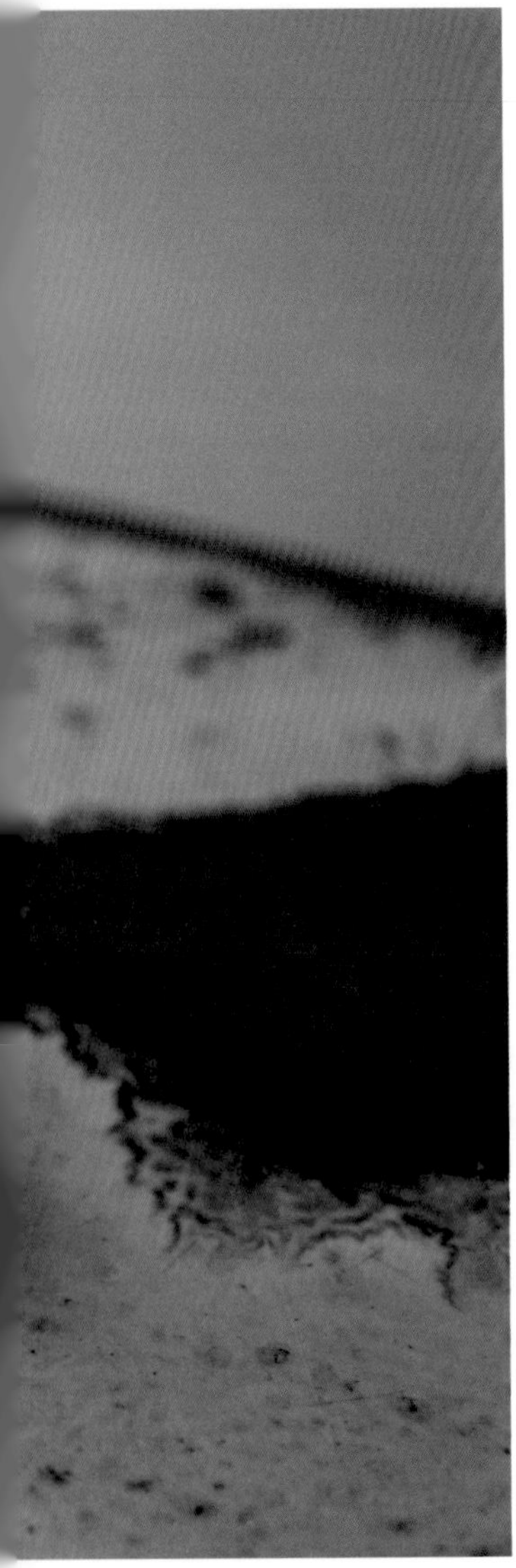

鮪《まぐろ》

赤身

江戸前を代表する鮪
噛み締めれば口内で広がるおいしさに
恍惚感を味わって

初夏は、噛み締めればほんのり酸味を感じる爽《さわ》やかな風味、秋から冬は甘みも感じる濃厚な味わいと、鮪の中でも赤身は季節による違いが楽しい部位です。

鉄分を感じるインパクトのある香りと旨みですが、身質はきめ細やかなので切りつけてからほんの一瞬づけ醤油に漬けただけで細部にまで染み渡るのです。引き上げたら紙に挟んで軽く押さえてから握ると、鉄っぽさが丸みを帯びて爽やかさや甘みなど季節の特徴がさらに際立ち美味しさが膨らみます。

中トロ

脂身がほどよく入った中トロは赤身のコクと脂の旨みをじんわり味わっていただきたいと思っています。ですから、口に入ったとき、もったりとした感触になるようイメージして切りつけます。

脂が温まるようシャリの温度はやや高め。やわらかく滑らかな舌触りながらも赤身の旨みと脂の甘みの輪郭を感じる質量で存在感のあるコクを味わっていただきます。

大トロ

脂が多い大トロは、しつこくならないよう気持ち薄めに切りつけ、これもまたやや高めの温度のシャリで握ります。滑らかな歯触りのあと、脂とシャリが馴染《なじ》み、香り、甘み、酸味、旨みが渾然《こんぜん》一体となって口の中で広がりすーっと消えていく。引き際の儚《はかな》い美しさが余韻となって心に残る。「恍惚《こうこつ》感」のようなものを味わっていただけるのが大トロの醍醐味《だいごみ》ではないでしょうか。

鮪は鮨の花形
切りつけの手腕の見せどころ

鮪は野球で言うなら4番バッター。「美味しい」の最高潮を体験させてくれる強打者であり、店の格が決まる大切な存在です。ネタの中でも「これだけは誰にも負けたくない」

という意地があり、それがモチベーションにもつながっているのです。

豊洲《とよす》一、つまり日本一の鮪の仲卸「やま幸《ゆき》」にお願いしていますが、社長自らが店主の技術や好み、シャリとの相性を見極めて選んでくれているので、実力がなければ一流の鮪を届けてもらうことはできません。鮪の質が落ちればそれは自分の腕が落ちたという通告を受けるようなもの。いい鮪を入手したいからこそ一流を目指したわけですし、認めてもらった以上は期待を裏切らないよう腕を磨き続けるのが店としてのプライドなのです。

仲卸に鮪の産地、大きさなどを私から指定することはありません。季節はもちろん、産地や一本釣り、定置網、延縄《はえなわ》など漁の仕方によって味が違うのは当たり前です。この季節はこの産地のこの漁の仕方じゃないと、と限定するような仕入れは美味しい鮪を見逃してしまう原因になってしまいます。といっても若い頃には「これじゃなきゃ」という固定観

念に縛られていたこともありましたが、頭でっかちな知識で限定するよりもシャリの塩の加減、切りつけや煮切り醤油、山葵の量など微細な調整でその時々の鮪に対応できる感覚と技術を磨くべきです。このことに気が付けたことで、私自身成長できたのではないかと感じています。

部位だけは腹上《はらかみ》を指定しています。赤身から大トロまで異なる味わいをすべて含んでいるからです。大きさは業界用語では4タケ（指4本の幅で1タケ）ほどでのコロで、だいたい2〜3日分です。コロをおろし、トリミングをして柵取りするのは店主の仕事。私も「鮨かねさか　赤坂店」を任された時から柵取りができるようになりました。ついに店主になったのだなと身が引き締まる思いがしたのを覚えています。

柵取りをした鮪は氷室で保存し、お客様の目の前で切りつけしていきます。季節はもちろん、個体差もありますから、脂の入り方、甘み、酸味、香りなどその時々で違います。それでも、毎回変わらない美味しさ、あるいはいつも以上の美味しさだと喜んでいただきたい。ですから基本的なことだけでなく、お客様一人ひとりの好みなども考えながらどう切りつければ「最上級の美味しい」にたどり着けるのか、お客様の口に入った瞬間を想像し、逆算して厚み、幅など微妙に変えています。

また、切りつけしたあと、まな板の上に並べて温度を上げます。冷たいと鮪の香り、甘みや酸味などを味わうことができないからです。温度が上がり過ぎてもいけません。脂がべとついたり、食感が損なわれたりします。脂が少し溶けてうっすら光り始めたぐらいが、鮪のポテンシャルを存分に発揮できるタイミングなのですが、その時々の鮪の状態で一概に切ってから何分と決められるものでもありません。ですから、柵取りをした時に「今日はつまみの途中から切りつけをはじめよう」とか「つまみが終わる頃からにしよう」など切りつけをはじめるタイミングを計っておきます。

鮪は店のプライドであり
一流の仕事をするためのモチベーション

鮪は「切りつけが命」だと思っています。例えば、私が切りつけたネタを素人の方が「さいとう」のシャリで握っても美味しさはある程度担保できます。しかし素人の方が切りつけたネタでは、たとえ私が握ったとしても美味しい握りにはなりません。その日の魚の状態に適した切りつけができなければ人と競うこともできないし、美味しい鮨は一生握れないということなのです。

「切りつけはセンス」です。日々ネタに触っていると、その感触から魚の状態を察することができるようになります。いかにネタから「こう切ってほしい」というサインを受け取れるか、ということですから、もう日々の鍛錬しかありません。実践の中の気づきこそが大切で、そのためにはどうすればいいのか考え続け、思考を深めていくことが大切です。漫然と仕事をしていては感性を磨くことができないのです。

烏賊《いか》

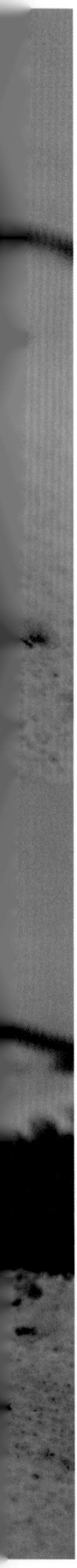

墨烏賊の赤ちゃん、新烏賊は小鰭の新子と同様に夏の風物詩。なんとも形容し難いやわらかさと甘み、小気味いい歯切れの良さで、初物好きの江戸っ子に好まれたのだろうなと想像できます。丸付けか一杯の半分の大きさで握りますが、つるりとした身の滑らかさ、やわらかさが身上ゆえ、包丁は入れずそのまま召し上がっていただきます。

烏賊は甘みと食感が大事と考えています。コリコリとして噛み切りにくい烏賊ほど味気ないものはありませんから。甘みは急速冷凍をすればよいのですが、食感は包丁の仕事がとても重要になってきます。季節により墨烏賊、赤烏賊、白烏賊、あおり烏賊など種類は様々なので、その烏賊の特性に合わせてサクサクとした食感、あるいはねっとり、もっちりした食感などが出せるよう切りつけや切り込みの入れ方を工夫しています。また、その時々の烏賊の味わいや前後の握りの流れによって、煮切り醤油にしたり、甘みが爽やかに引き立つようスダチで香りをつけたりしています。

サクサク、ねっとり、もっちり
烏賊の種類にあわせ
特徴を楽しめる仕込み・味つけ・
香りづけをしています

上／新烏賊
下／墨烏賊

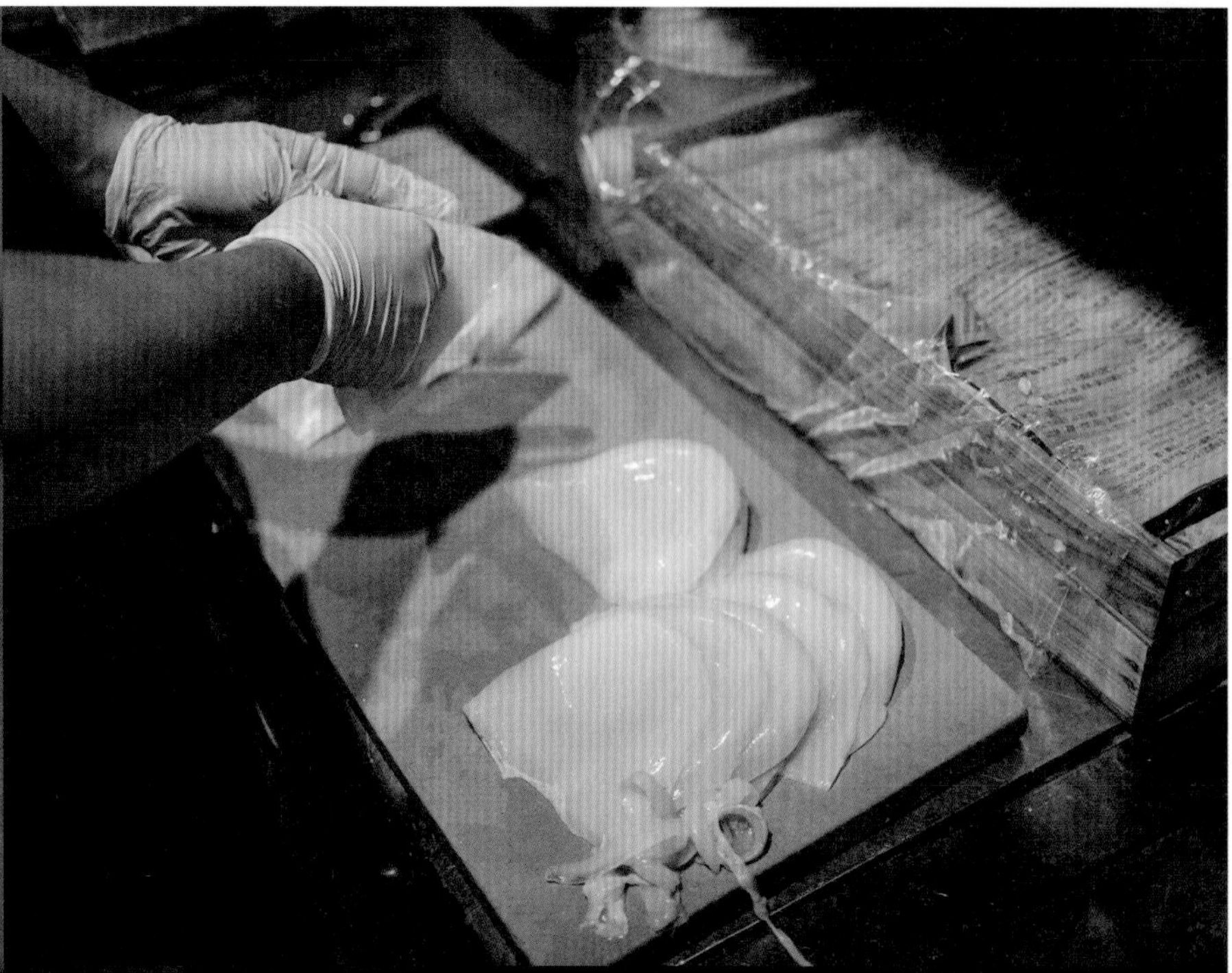
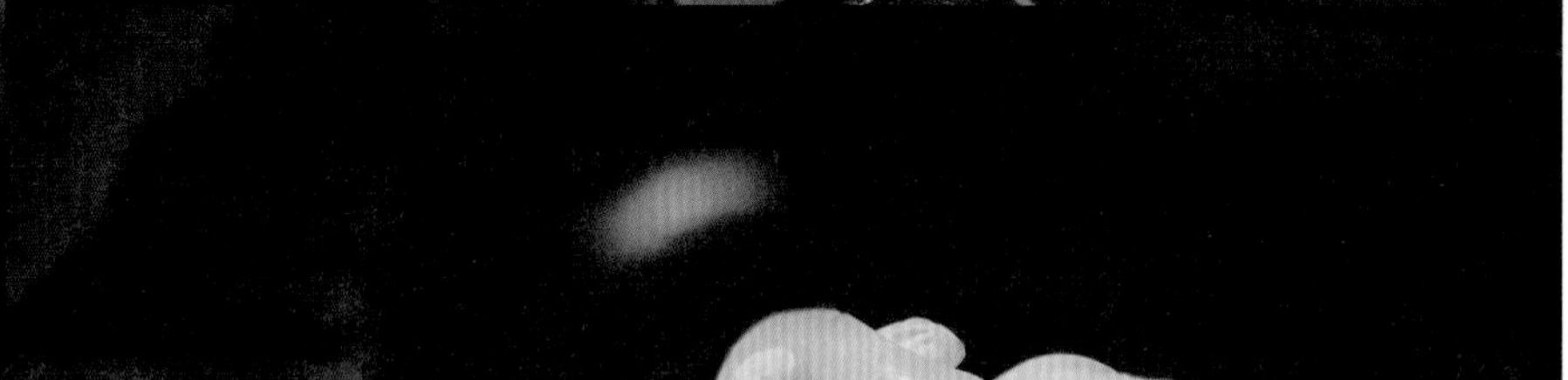

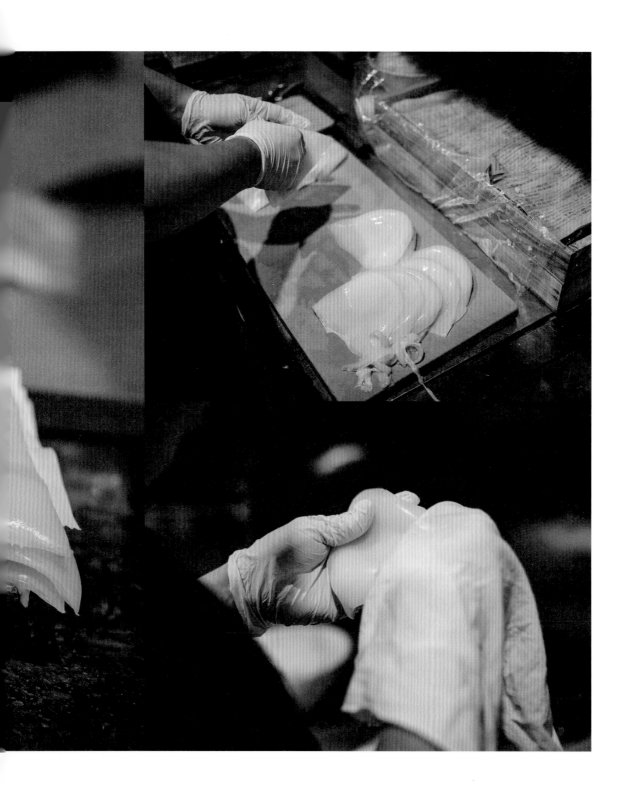

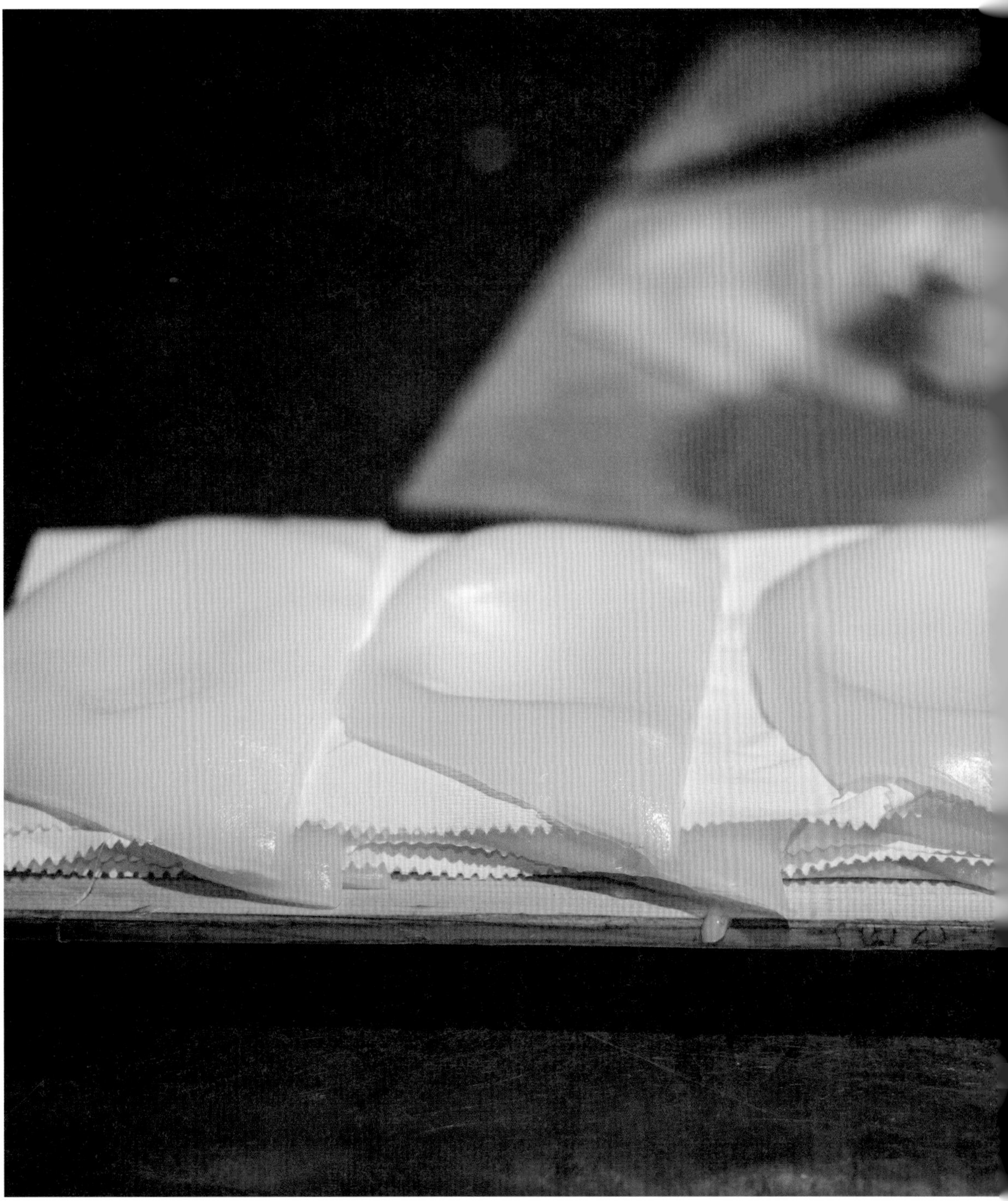

p.46上／胴体からゲソを引っ張り出し水洗いをして綺麗にしたあと、胴体の表、裏にある薄皮を、濡れ布巾で身を破らないよう丁寧に剥がしていく。
p.46下／剥がし残しがないか何度も入念にチェック。
p.47／きれいに下処理をした烏賊はピカピカの仕上がり。

車海老《くるまえび》

活けの踊り海老もいいけれど、私は茹《ゆ》でた海老ならではの香りやしっとりとした食感、甘みが好きです。茹でた海老は温度がとても重要です。熱々でも冷めていても味わいは半減。ほんのり温かいくらいがベストと感じているので、このタイミングでお客様に味わっていただけるよう逆算して茹でて、お客さまの前で殻を剥《む》き、濃厚な

ほんのり温かい状態で握る茹で海老は甘みと濃厚な味噌の余韻が格別で記憶に残る味わい

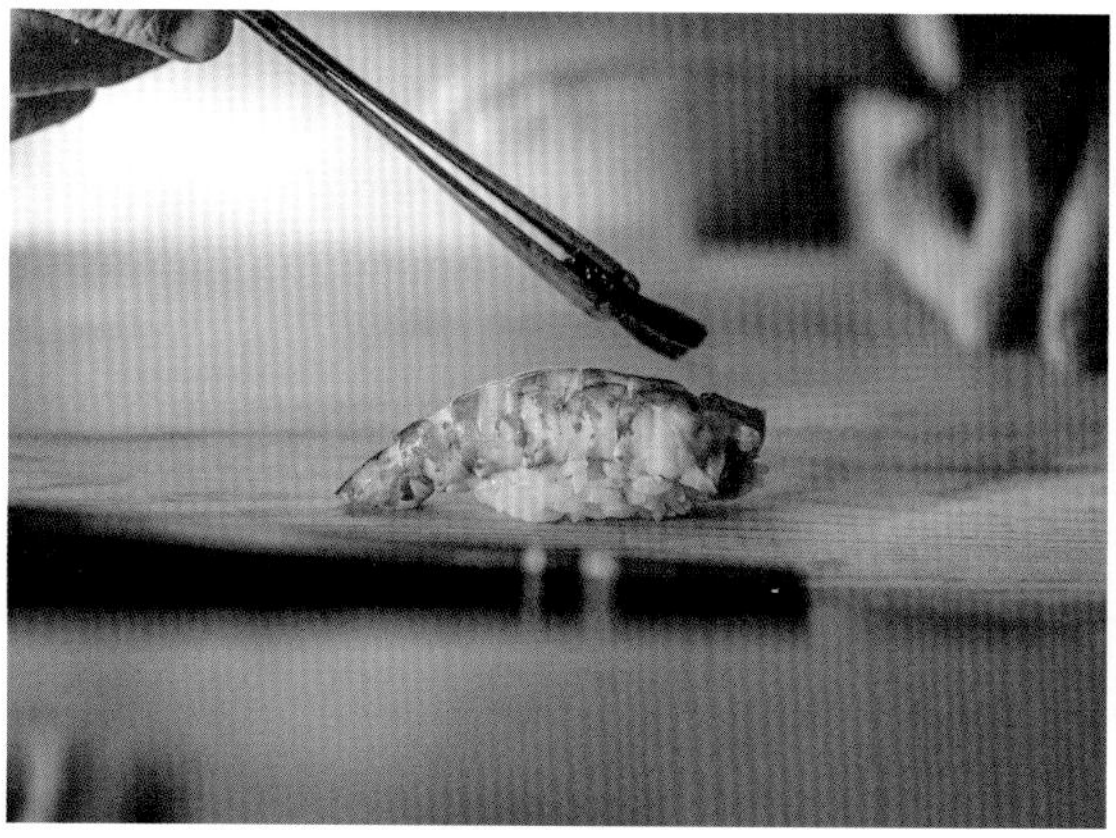

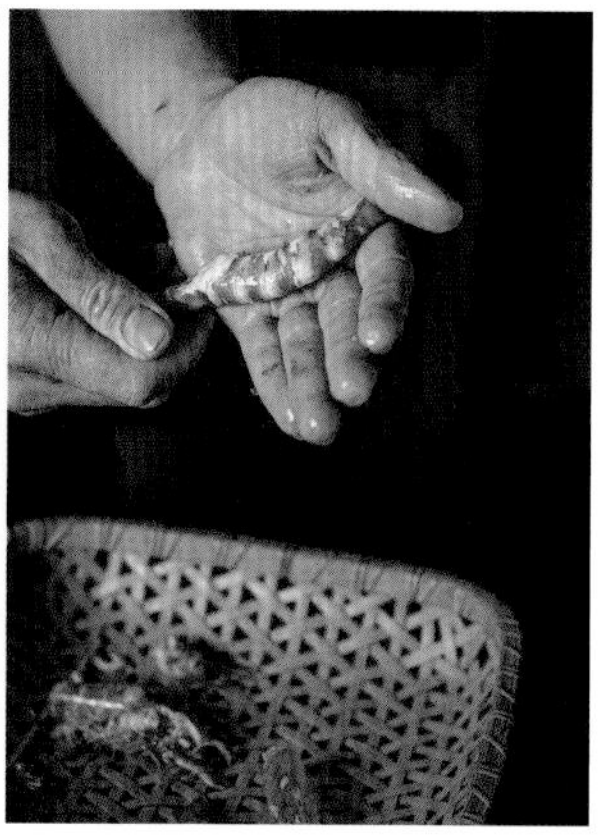

味噌《みそ》を間に挟んで握ります。こうすることで、余韻が長くなり、記憶に残る味わいになるのではないかと思っています。

鰯《いわし》

梅雨時から初夏にかけて、あるいは寒い時期には、ぷっくり太った美味しい鰯が入手できます。脂が多く身がとてもやわらかいので、開いてちょっと醤油に漬けて身を締めます。鰯は骨が細く、骨抜きをしていてもまだ小骨が残っていることもあります。ですので、口に入れたときに骨が当たるということがないよう身に細かく包丁を入れて握ります。煮切り醤油が身に染みて味のバランスも良くなり一石二鳥なのです。

鯵《あじ》

濃厚な旨みを持つ瀬付きの鯵を使っています。食べやすさを考えてネタの上に薬味などをのせることはほぼしていませんが、鯵だけは例外。複雑さを持つ脂の旨みを引き立てるために生姜《しょうが》と浅葱《あさつき》を叩《たた》き、煮切り醤油で味をつけた薬味を切れ目の中心にのせています。

蛤《はまぐり》

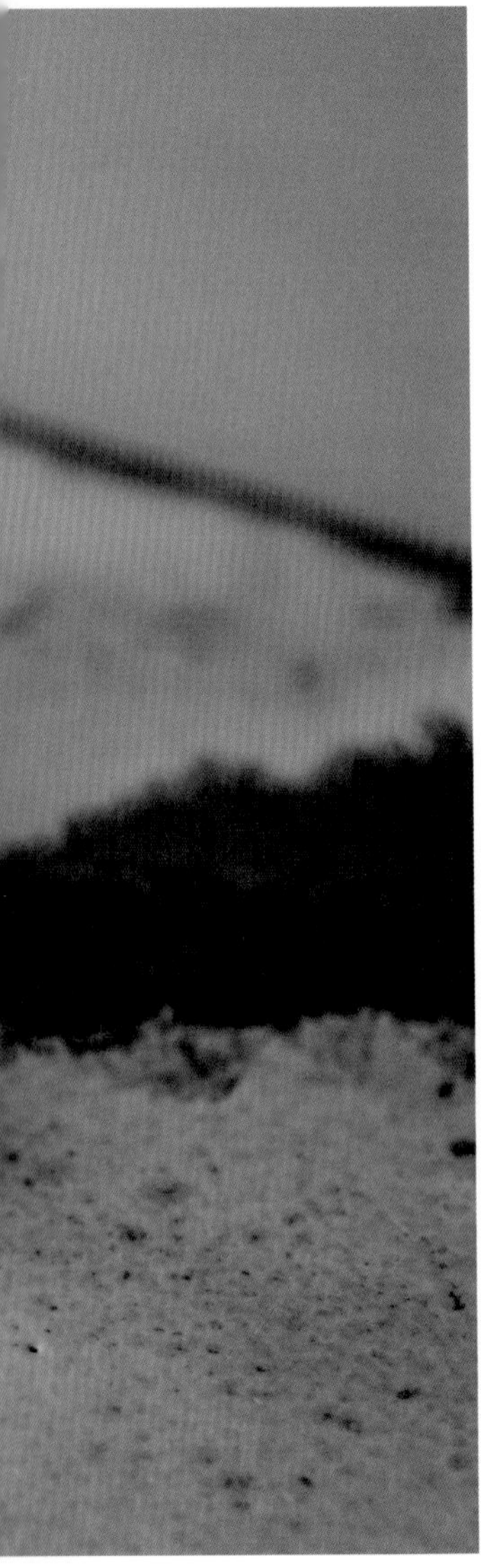

煮蛤は江戸前鮨の代表的な仕事、「漬け込み」のネタです。保存を考えながらも美味

強い風味の貝は、丁寧な火入れと甘い出汁、柚子の香りでやさしく仕上げる

しく味わえる工夫に感心させられるこの仕事。先人の知恵、伝統を生かしながら後世につながるよう進化させていきたいと思い、仕込みの仕方、特に茹で方を試行錯誤してきました。

瑞々《みずみず》しくしっとり滑らかな食感、そしてワタの旨みを綺《き》麗《れい》に生かすのが私の理想です。現在は、水からゆっくり火を入れ、温度が62〜65℃まで上がったら10分を目安に火を止め、5分ほど蒸らしたのち、甘めに仕立てた出汁《だし》に漬けて味を入れるという手法に落ち着いています。ワタの美味しさも魅力ですが磯《いそ》の香りが強過ぎると握りのバランスが崩れるので、柚子《ゆず》の香りを添えています。

あなご

穴子

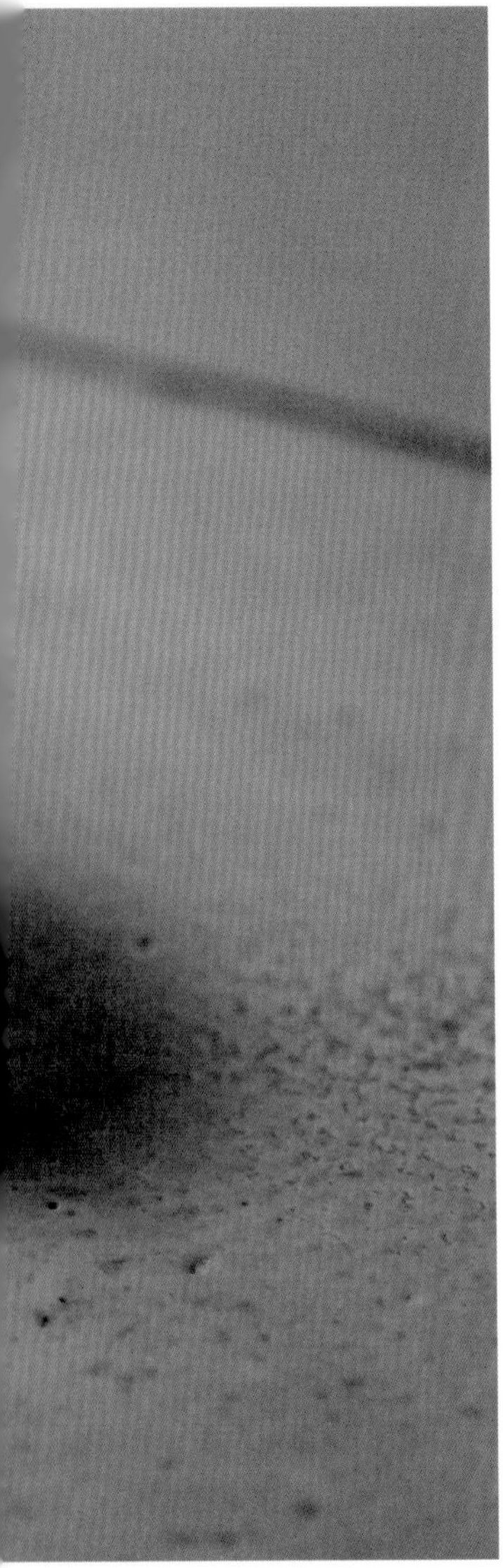

しっとり、やわらかに仕上げた穴子
ふわりと溶けてシャリと混ざり合う

　骨が当たらないよう小ぶりの穴子を使い、やわらか過ぎず、形はあるけれどふわふわという理想のイメージに仕上がるように火を入れる時間に細心の注意を払いながら炊き上げます。そして握る直前に再度煮汁に戻して温めるのです。ツメは穴子の煮汁を煮詰めたものですが、味が濃くなりすぎると穴子本来の香りが消えてしまうので、しっとり感と多少の艶《つや》感を出す程度のさらっとしたツメです。

タワシでぬめりを取った穴子はざるに並べて、再度念入りにぬめりや汚れがとれているかをチェックする。

江戸前鮨を代表する穴子。一年中獲《と》れるので旬という旬はないようですが、以前は餌《えさ》となるプランクトンが増えて味が良くなる梅雨時の東京湾の穴子が重宝されていました。「雨後の穴子」を楽しみに来るお客様もいらっしゃいましたが今や懐かしい思い出ですね。体が輝くように黄色い「金色穴子」というのも時々お目にかかることがありましたが今は少なくなりました。つくづく魚が変わったなと感じるネタでもあります。

1尾、1尾タワシで擦ってぬめりを取る。

穴子の仕入れは、まずは仲買さんの見極め力が必須です。海底で暮らしているため内臓に砂泥が入っています。捕獲後しっかり泥吐きをしていないと、ぬめりをとっても泥臭さを感じてしまいます。ですから、やはり仲買さんとの信頼関係を築いていないとお客様に嫌な思いをさせてしまう可能性が高くなるなど、大変気を使うネタなのです。

大きさも重要です。私は、年間を通して、1尾で3カンとれるくらいの大きさがちょうどいいように感じ

ふわっと仕上がるようたっぷりの煮汁で炊き上げる。

ています。小さすぎても脂がのっていないし、大きすぎると骨が当たりますから。つまみとして白焼きでお出しする穴子は噛んだ時の弾力や脂がジュワッと広がるようなものが良いと思い、握り用よりも大きめのものを仕入れています。

穴子は捌く時にも熟練の技術を要します。魚は包丁の刃が骨に当たって血が出ると、身に臭みがついて台無しになってしまいます。穴子は体が長く頭のところは骨の角度も違ってくるので、傷つけずに骨を取るコツを会得するにはそれなりに場数を踏まなければならず時間がかかるのです。私が若い頃は、魚屋さんに売り物にならない穴子を分けてもらって練習していました。

捌いたら、今度はぬめりをしっかり取ります。ぬめりの下処理はお店によって塩を振る、湯引きするなどあるようですが、私は、捌いてから薄い酢水につけてぬめりを浮かせ、タワシで擦《こす》って取り除いています。一本一本擦るのは時間と手間がかかる仕事ですが、穴子の旨みをしっかり残すにはこの方法が一番ではないかと感じています。

ぬめりが取れたことをしっかりチェックしたら、ペーパーに並べて水気を取ります。そして、醤油、味《み》醂《りん》、ザラメ、水を合わせた鍋に入れてふっくらやわらかくなるまで煮ます。煮る時間もその時々の穴子の状態によってまちまちなので、時々箸《はし》で触って様子を確かめながらふっくらの頂点で火を止め、5分ほどそのままにして味を染ませたら鍋から引き上げます。ずっと煮汁に漬けておくと身が固くなってしまいますから。握るときは、ふわっとした食感にするため、煮汁に戻して温めています。

太巻き鮨で使う穴子は、以前は姿のまま使っていましたが、食べやすさなどを考え、4~5年前から煮穴子を叩いて粗めのペースト状にして巻いています。ふわっと口溶けが良く、シャリやほかの具との一体感も出て喉《のど》の通りの良い太巻き鮨になっています。

ふとまきずし

太巻き鮨

太巻きは、おまかせの最後に一切れお出ししています。お土産として注文される方も多いので、時間が経っても美味しいことが基本。できるだけふわっとした食感を保ち、食べやすい口溶けになるよう試行錯誤しながら現在に至っています。

特徴は、煮穴子を叩いているところ。骨が当たらないようにというのもありますが、叩いた穴子のふわふわと滑らかな食感は私自身も気に入っています。煮穴子の優しい甘みと芝《しば》海老の旨みを含んだ玉子焼き、椎茸《しいたけ》の醤油と砂糖の甘辛味。タイプの違う3つの甘みは、ほっとする、懐かしい、優しいなど太巻きに必要な要素になっていると思っています。あとは全体の味のバランスと彩りを考え、車海老と胡瓜《きゅうり》を。口の中で具がスーッと自然にほぐれる喉の通りの良い巻き鮨です。

たまご

玉子

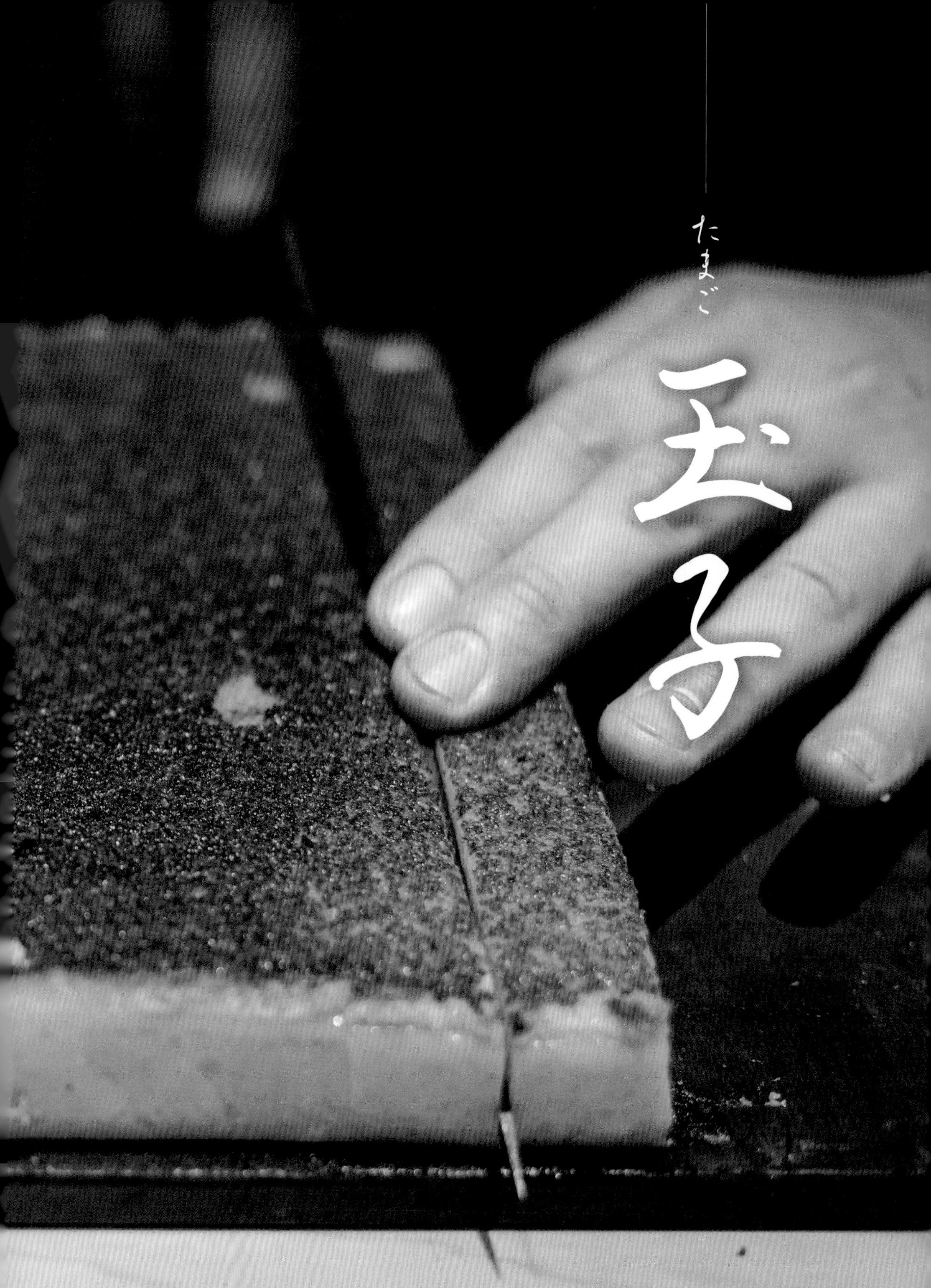

プリンのような食感の玉子は 炭と蒸気で上下から火入れ コースの締めにふさわしい優しい余韻

デザートとしておまかせの最後にお出ししている玉子。しっとり甘やか、なめらかな口溶けを目指し、湯煎《ゆせん》しながら炭の遠火でじっくり蒸し焼きに。「鮨さいとう」で過ごしていただいた時間を惜しみつつ、優しい余韻に浸れるような名残りの味わいを出せたらと心を込めています。

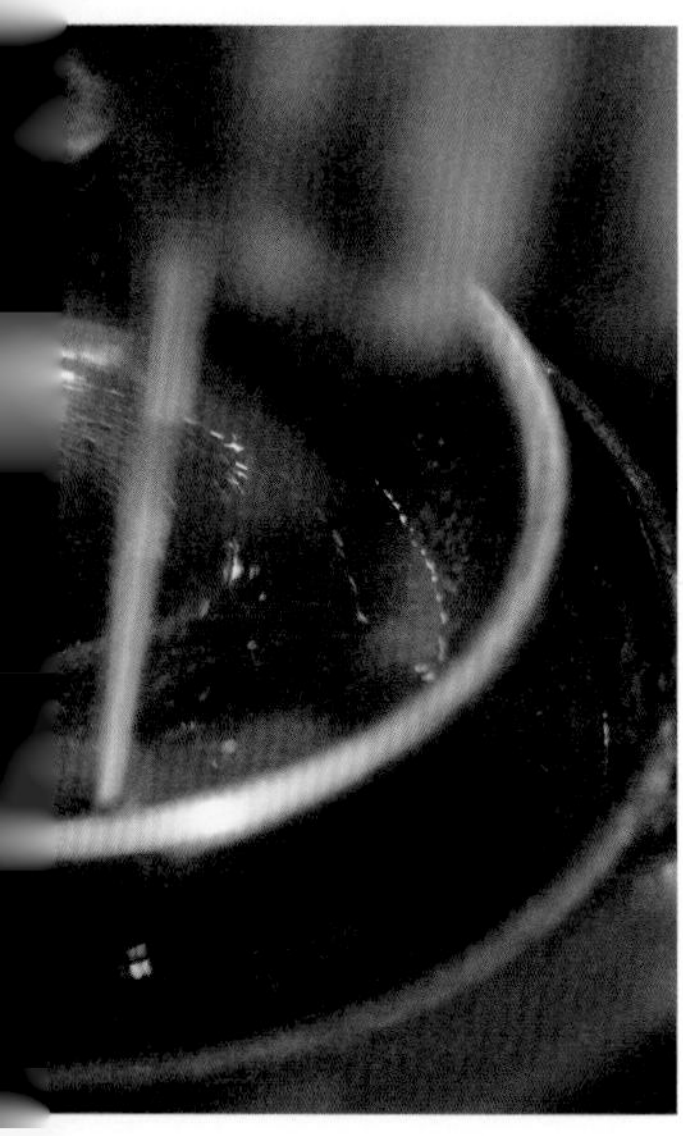

炭火を起こす。玉子焼きの地を60℃ほどの湯煎にかけて攪拌。
表層は泡立てたふわふわの地を流す。食感はもとより、焦げ目も美しくつく。

最後の最後にお出しする玉子。「ああ、もうおしまいだね」と名残を惜しんでくださるお客様もいます。私としてもご愛顧いただいているお客様に精一杯のお礼の気持ちを伝えたい。ですから、余韻を味わっていただけるような優しく甘やかなフィナーレにできたらという思いを込めた味わいを目指しています。

江戸前の鮨店では、一流店になるほど当時は高価だった鶏卵や砂糖を使い、手間暇かけた玉子焼きを出すことでその矜持《きょうじ》を示していたようです。そんな理由で「玉子焼きで鮨屋の技量が分かる」と言われています。今や玉子焼きをありがたがる時代ではなくなりましたが、鮨店の仕事の中では、玉子を焼くのは仕込みというより、料理です。ある意味ジャンルが違うものですが、そこにプライドを持って手間をかけた先人たち。何か意味があるとしか思えません。私としては「丁寧な仕事」「おもてなしの心」を養うには玉子を焼く仕事は大切だと解釈しています。

うちでは、仕込み中に厨房《ちゅうぼう》を訪ねてきた人が「まるで剥《む》き出しのスチームコンベクションですね」と驚かれるほど原始的な方法で焼いています。まず、擦り身にした芝海老、和三盆、酒、水を合わせて濾《こ》した地を60℃くらいの湯煎にかけ、よくよく攪拌《かくはん》して滑らかにします。それを湯を張った天板にのせた銅の玉子焼き器に流し込むのですが、少しだけ

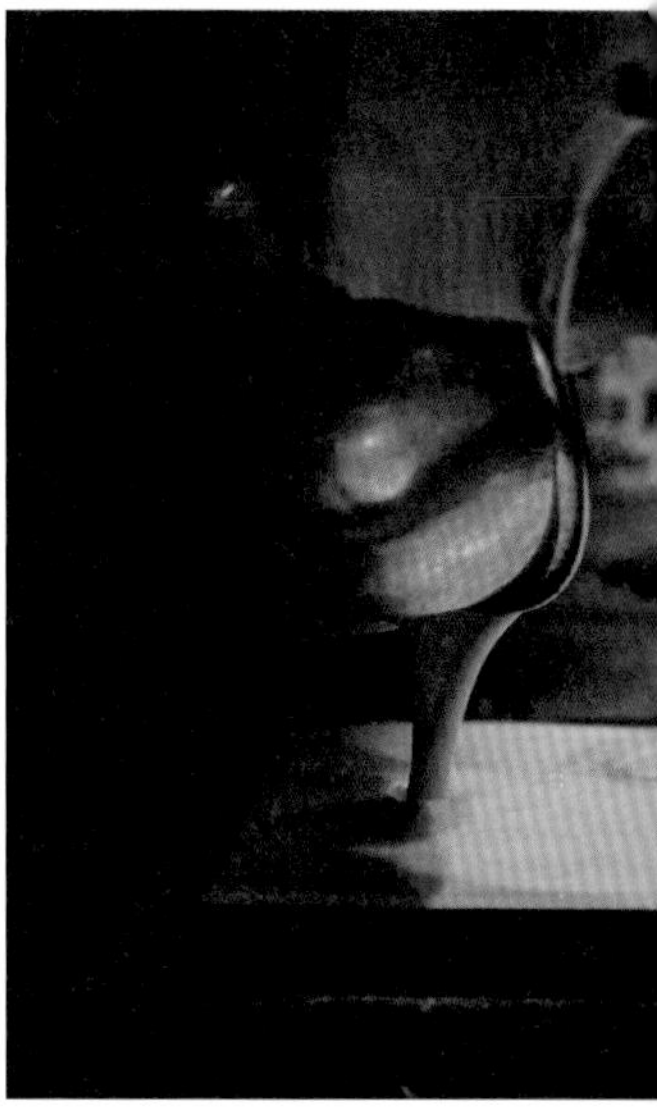

ボウルに残しておいたものを思い切り攪拌して泡立て、表面を覆います。そして、やや遠火の位置に練炭を並べじっくり蒸し焼きにするのです。

湯煎にして焼くとプリンみたいに滑らかになると提案してくれたのは「さいとう」から独立した俊治《しゅんじ》（現・「鮨しゅんじ」店主）です。もしかしたらスチームコンベクションを使っても同じような仕上がりになるのかもしれませんが、鶏卵や芝海老は年中同じ状態ではありません。水分が多い時もあれば、味が濃い時もある。練炭の火の扱いも然り。その感覚を掴《つか》み、加減を工夫する。その手探りの仕方や気を抜かずに仕事をする習慣を体に覚えさせるにはできるだけ原始的な手法が役に立つのではと思っているからです。今は弟子たちに任せていますが、この仕事を面倒と思わずに、鍛錬を積むためのいい機会と捉えて、工夫を楽しんでくれたらいいなと願っています。

ちらし鮨《ずし》

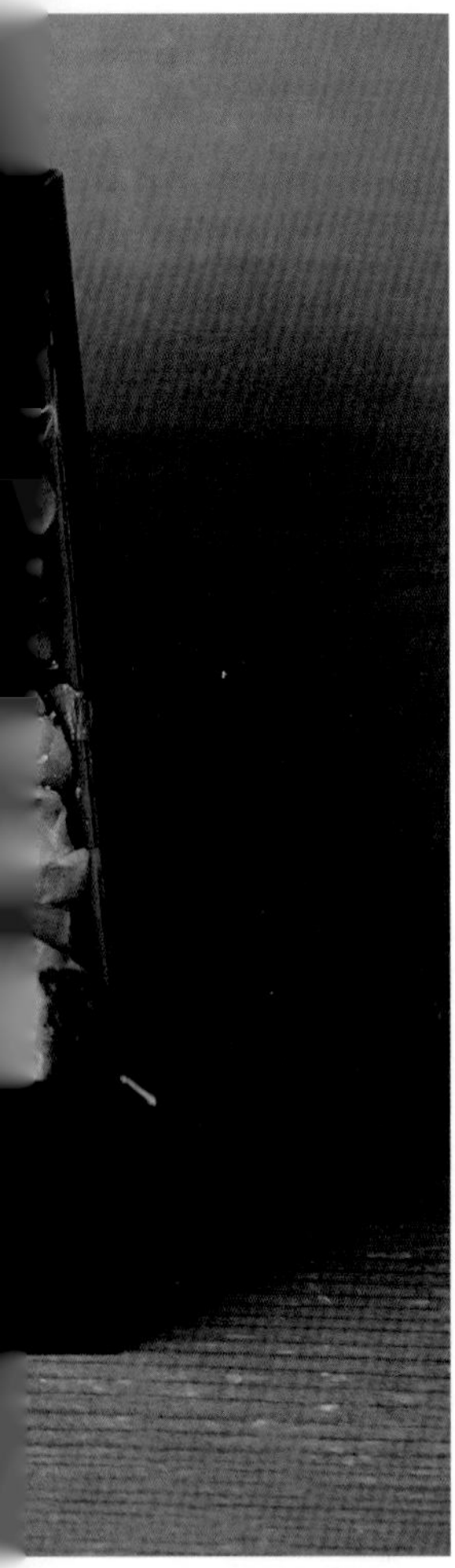

すぐに食べるなら鮨ネタがたくさんのった生ちらしもいいですが、時間が経つと水分が飛んで味が落ちてしまいます。お土産用なので、たっぷりの煮穴子をメインにし、彩りとして車海老を、冬場はいくらも使います。箸でどこをとってもバランスのいい味で食べられるような盛り付けを信条にしています。干《かん》瓢《ぴょう》を混ぜたシャリを広げ、その上に具をのせていきますが、蓋《ふた》を開けたときに「わぁ、きれい」と気分が晴れやかになっていただけるよう心を込めてお作りします。隠れたポイントは、最後にのせる山葵の茎の醤油漬けと飛ばし柚子。美味しさを保つために全体的には甘い味付けのものが多いので、山葵の茎のぴりっとした清涼感、柚子の爽やかな香りがいい仕事をしてくれるのです。

第三章

つまみ

あくまでも鮨店なので、鮨ネタで酒のあてを拵《こしら》えるというスタンスを貫きたいと思っています。鮨ネタだけれどつまみとして食べた方がより美味しく感じてもらえるのではないかというものをお出しするのです。たとえば蛸《たこ》は桜煮で、鮑《あわび》は夏の盛りには水貝で、秋になったらお椀で。太刀魚や黒ムツは塩焼きにした熱々を。季節を感じながらお酒がすすむ。でも握りが主役の店ですから、品数も量もほどほどで、というのがうちのつまみです。

蛸《たこ》

奥行きのある甘さに煮た蛸は
やわらかいのに締まった食感を残す
「鮨さいとう」のスペシャリテ

皮と身の間のとろっとしたゼラチン質を残し、ほろっとしながらも吸盤のエッジには締まりがある。やわらかいけれどやわらか過ぎない。そんな食感になることを信条に試行錯誤した私のスペシャリテ。煮汁には蛸の旨みや独特の風味が溶け込み、黒糖のような奥行きのある甘みと芳《こう》ばしさを感じていただけます。

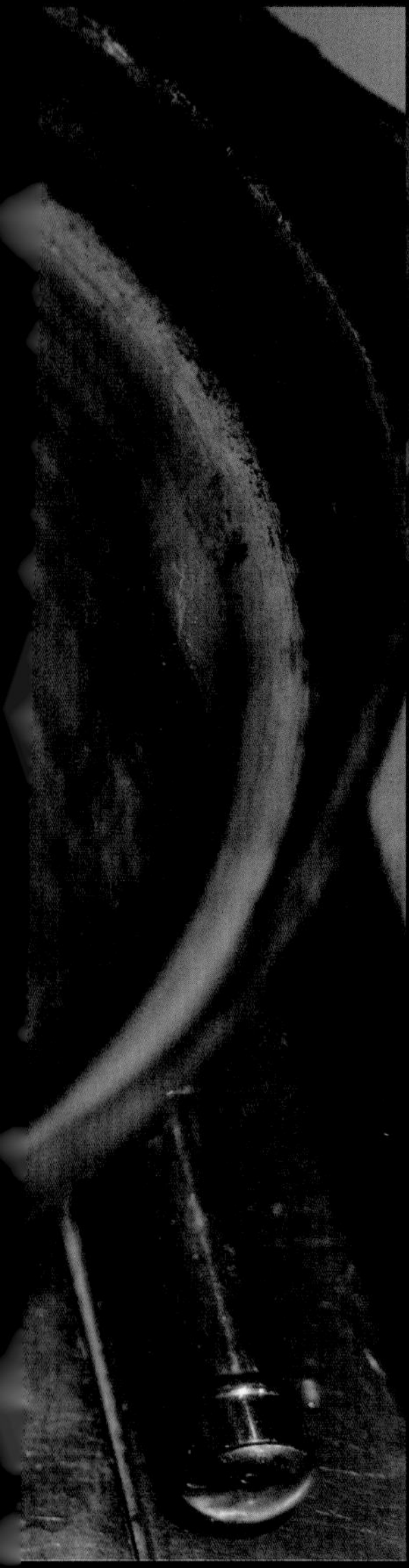

解凍した蛸は流水でしっかり水洗いして汚れやぬめりを取る。
そのあとタオルで吸盤の周囲や中まで一個一個を丁寧に拭いて仕上げていく。

蛸の美味しさは、皮と身の間のゼラチン質にあるのではないかと思い、下拵《したごしら》えから火の入れ方まで10年近く試行錯誤してきました。蛸は繊維がしっかりしています。それをほぐしながらやわらかく煮る伝統的な料理法として、消化酵素を出す大根で叩《たた》く、大根おろしで洗う、大根と一緒に煮る、あるいは番茶と煮込む、小豆と煮込むなど多数あります。修業時代には仕込みの量が多いこともあって蛸を洗濯機で回していたこともありました。

いずれの手法でも蛸をやわらかく仕上げることはできるのですが、ただやわらかいだけでは蛸らしさが失われているようでもったいない。理想は、食感はしっかりあるけれど固くなく、しかも皮と身の間にゼラチン質が残っていることですが、同じ仕込みをしてもこの仕上がりになる日もあればできない日もあったのです。昨日できたことがなぜ今日はできないのか……。つくづく「蛸は難

昨日できたことが今日はできない その悔しさがあって スペシャリテに昇華したつまみ

煮汁に漬けたまま蒸し器に入れて蒸し、火を止めそのまま置いて味を染み込ませせる。

しいなぁ」と溜息《ためいき》をつきながら、安定した仕上がりのために日々考え試していたのです。

安定して納得がいく仕上がりになったのは10年くらい前です。蛸が届いたらすぐにマイナス60℃で急速冷凍し、1日置いて繊維を壊します。翌日解凍し、しっかり水洗いをしてぬめりを取ったら、吸盤の中や周りを一個一個丁寧に拭《ふ》いて残ったぬめりや水分を完全に取り去ります。地味ですが、この手間はとても重要です。綺麗に手当てを施していないとアクが出て吸盤の縁が黒くなり過ぎて、お客様の心を動かす食感は生まれないからです。

足を切り分け、醤油とザラメを合わせた煮汁に浸けて15～30分、皮が剥《は》がれないように静かに蒸し、火を止めたらそのまま置いて味を染ませます。桜煮、あるいは煮蛸と呼んでいますが、実際には蒸し器で火を入れているのです。

さんまのぼうずし

秋刀魚の棒鮨

秋の魚の代表格。脂に旨みがあり、お米との相性も抜群で私の大好物です。しかしながら漁獲量がめっきり減ったうえに、太った秋刀魚は希少になってきている昨今。丸々太った秋刀魚を手にできたら必ず握り、あるいは大葉とガリを挟み、棒鮨にしてつまみとしてお出ししています。鯖も同様ですが、押し鮨はシャリの分量が重要です。多すぎても少なすぎても駄目なんです。握り以上にネタとのバランスで美味しさの感じ方が随分違ってくるため、その時々の魚の状態に合わせてシャリの量を調節しています。

白子《しらこ》

鱈《たら》の卵巣、白子のクリーミーな味わいは、珍味と言われるだけあってお酒との相性もよく、つまみの王様的存在。火を入れすぎるとテクスチャーが台無しになってしまうので、生でも食べられる鮮度の良いものをほんの一瞬湯通ししてレア状態にします。そこにポン酢をかける「白子ポン酢」は美味しいけれどちょっと酢の味が勝ってしまう気もするので、うちではポン酢を温かい出汁で割ってお椀風にお出ししています。

いくら

いくらの宝石のようなオレ
ンジ色は、まさに秋の色。秋
鮭が獲れる9月から11月頃の
新いくらのシーズンのみお出
しします。卵の薄皮は薄けれ
ば薄いほどじゅわっと優しい
食感になるので、熱湯をかけ
たあと何度も水洗いをして皮
を極限まで取り除きます。昔
ながらの軍艦でお出しすると
きは醤油漬けでややねっとり
とした仕上がりに。つまみや
小丼《こどんぶり》でお出しするときは、
純粋に濃厚な卵の味を味わっ
ていただけるようさっぱり系
の出汁に漬けています。上に
のせる青海苔は俊治の出身地
神津島《こうづしま》のもの。清々《すがすが》しい磯の
香りと食感が格別でとても気
に入っています。

雲丹《うに》

種類や産地、気候によって見た目、味わいが大きく違う雲丹。以前は北海道産のものが主流でしたが、北から南まで種類豊富に入手できるようになりました。夏は特に種類が多いので、食べ比べを楽しんでいただけるよう、例えば礼文島《れぶんとう》の馬糞雲丹、小樽の紫雲丹、瀬戸内の赤雲丹など見た目も味わいも違うものを3種盛りにしています。雲丹は海苔との相性も抜群なので、味が濃厚なものは軍艦でお出ししますが、繊細な風味のもののときはじっくり味わえるよう小丼《こどんぶり》にすることもあります。

鮑《あわび》 水貝

氷を浮かべた塩水に角切りにした生の鮑を浮かべ、見た目にも涼やかにお出しする「水貝」。味も香りも濃厚な鮑を敢《あ》えてさっぱりいただく贅《ぜい》沢《たく》な暑気払いです。真夏の暑い盛りに、ひんやり冷たくコリコリとした小気味良い歯ごたえを楽しむこの食べ方が私自身も好きで、夏の定番にしています。

お椀

本来の香りや旨み、甘みなどを深く味わうことができる蒸し鮑。温《ぬく》もりが恋しい季節には、蓋を開けた時に湯気と共に上がる香りも楽しんでいただけるよう、薄味の吸い地に蒸し鮑を浮かべたお椀でお出ししています。

鮑は千葉・房州の黒鮑が一番のお気に入りです。半年間禁漁し、捕獲可能なサイズも決めるなど千葉県の漁業調整規則によりしっかり管理され、守られているので、安定して品質の高いものを入手することができるからです。禁漁期間には、北海道や三陸《さんりく》産のものも使います。海藻やプランクトンの豊かな場所で荒波にもまれながら育った5～7年もので５００g以上のずっしり重たいものは、味が締まっていて弾力があります。栄養もしっかり蓄えていて香り、甘み、旨みが抜群です。

鮑は殻から外したら、まずは表面やヒダをタワシで念入りに擦《こす》り、砂や汚れをしっかり落とす磨きの仕事が大切です。磨きが足りないとアクが出て、苦味やえぐみの原因になってしまうのです。

蒸し鮑は、塩味をつけた昆布出汁に漬けて5時間くらい蒸します。ポイントは、鮑が蒸されているのかどうなのか分からないくらいの弱い蒸気でゆっくりゆっくり火を入れるこ

と。一気に火を入れると身が縮む原因になるからです。

殻が大きいだけでなく、厚みがあり、ずっしりとした重さがある鮑。身が締まり、弾力も抜群。

ふっくら蒸し上がった鮑は、包丁を入れた途端、濃厚な香りが弾け、やわらかいけれど繊維が残っていて弾力のある歯ごたえ、旨み、甘みをしっかり感じることができます。そのまま切ってお出しすることもあれば、お椀にすることもあります。表面が波打つように包丁を入れるのは、表面積を増やして香りが出るようにするためです。

旬の夏には水貝にすることも多いですね。この食べ方は漁師さんが船の上で磨いただけの生の鮑を塩水で食べる「漁師飯」のアレンジと言われています。鮑からも塩分が出てコリッとしつつもやわらかい食感と甘み、そして磯の香りを満喫できる爽《さわ》やかな夏の料理です。

鮑はシャリとの一体感を持たせるのが難しいので積極的には握りませんが、お客様の要望があればもちろん最善を尽くして握ります。

蝦蛄《しゃこ》

蝦蛄は江戸前の代表的なネタです。残しておきたいと思っていましたが、近年東京湾ではほとんど獲れない、あるいは痩《や》せたものしかいなくなりお出しできないことを寂しく思っていました。数年前から北海道・小樽で揚がる大きめの蝦蛄が入手できるようになったのは嬉しい限り。浜茹《ゆ》での状態で届くので、殻を剥《む》いて醤油と砂糖で甘めに仕立てた出汁に漬け、味を染ませてお出ししています。

穴子の白焼き

蟹《かに》

香箱蟹

11月初旬の解禁から12月の禁漁までお出ししている香箱《こうばこ》蟹《がに》。以前は香箱の季節ということを目でも楽しんでもらうために甲羅盛りにしていました。しかし、身、内子、外子、味噌すべてが最初から蟹酢とともに和《あ》えてある方がバランス良く味わえ、しかも食べやすいのではないかと思うようになり、現在はスタイルを変えてお出ししています。

毛蟹

きめ細やかで繊細な身質、ほぐすとふんわりとした食感。上品な甘み、滑らかでコクのある蟹味噌は毛蟹ならでは。香箱蟹同様、これらをすべて合わせて蟹酢で和えてお出ししています。産地を変えれば一年中出回っていますが、漁期が6月下旬から8月下旬のみに限られた北海道道南・噴《ふん》火湾《かわん》の毛蟹は、周囲の河川から流れ込むミネラル豊富な雪解け水のお陰なのか、格別に美味しいと感じています。

第四章

舞台裏

私がつけ場に立ってお客様に美味しいものを提供できるのは、舞台裏の人たちの熱意ある働きのお陰です。市場で「さいとう」のための魚を選《え》りすぐってくれている仲買の人たちはもちろんのこと、最高の魚を届けてくれる漁師さん、物流に携わる人たちなど、私たちが寝ている間も懸命に働いてくれている方々への感謝は、つけ場でいい仕事をすることでしか表せません。

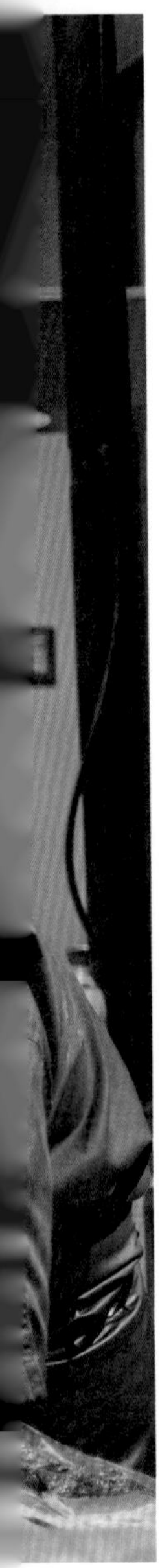

豊洲市場

仲買の方々と信頼関係ができている現在は、「さいとう」用に選りすぐってくれたものを店に届けてもらっています。それでも市場には週に3～4回足を運びます。もちろん駆け出しの頃は、仲買の人に顔を覚えてもらうために毎日通っていましたし、魚を見せてもらって直接買い付けをしなくてはいけませんでした。何しろいい魚は一流店への道筋が決まっていますから、店を開いたばかりの若造には信用も何もあったものではありません。市場の流儀をわきまえながらもとにかくいい魚が欲しいと通って通ってじわじわと懐に入っていき、私の鮨に対する考え方を伝えるなどコミュニケーションを取りながら関係性を築いていったのです。

その場で魚を買うことは無くなりましたが、それでも市場に通うのは仲買の方々と会いたいから、話がしたいからです。届けていただいた魚の感想、お客様の反応を伝えるのはもちろん、海の話、漁の話、魚の〆方、そして物流のことなど最新の情報、世の中の動きなど、知識をアップデートする大切な時間なのです。

当たり前のことですが、仲買の人たちは私たち鮨職人よりも魚の目利きのプロです。そして漁師さんとの関係性も仲買の人たちの方が強い。こういったリアルな現場を知っている方たちの知識は、私たちがテレビ

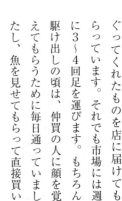

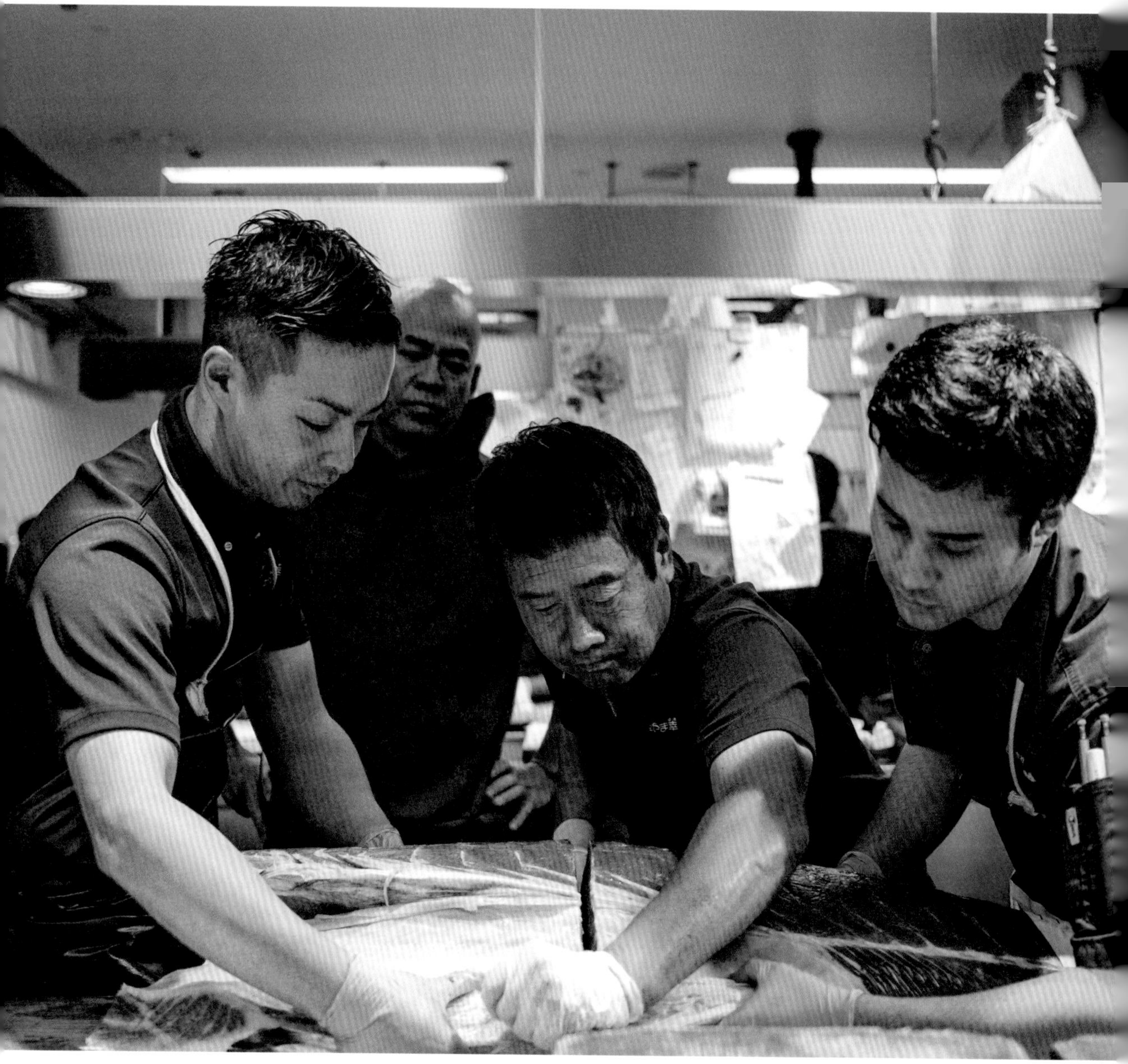

鮪をあつかう「やま幸」の山口幸隆さん（中央）

番組やネットから得る情報よりも遥《はる》かに真に迫っています。地球の環境変化が著しい昨今、旬も一括《ひとくく》りにはできないし、ブランド産地だけがすべてではないのですから。生半可な知識やひとりよがりな拘《こだわ》りを持っていると本当に美味しいものに出会うチャンスを逃してしまう。そう気づかせてくれたのも市場通いをしていたからこそです。

「鮨さいとう」がお客様をはじめ世の中に評価されるのは、豊洲《とよす》で働いている人はもちろんのこと、経験や知恵、技術を駆使して美味しい魚介を獲《と》ってきてくれる漁師さん、美味しさを保つために工夫を凝らして魚を運んでくれる物流の方々など私たちが寝ている間に働いてくれている方々のお仕事あってこそ。そこには私たちには想像できないほどのドラマがあると思うのです。

　こういった方々の苦労や志を背負っているのですから、彼らのドラマを私たちが台無しにしてしまうようなことは絶対にしてはいけません。「一つ一つの食材に込められた思いの重さを感じなくてはいけない」「最終的に味の表現者となる私たちにはめちゃくちゃ重い責任がある」と弟子たちにいつも話しています。丁寧な仕込み、手当てで魚たちに磨きをかけ、気持ちの良い接客とともにお客様を幸せにすることでしか彼らの努力に報いることはできないのです

から。

お客様に「美味しいね」と笑顔をいただけるのは私たちだけ。表現者である私たちは、いいとこ取りをさせていただいています。だからこそ、表現力をもっともっと磨かなくてはいけない、と仲買の人々と話をするたびに思うのです。

私たちが寝ている間に働いている人々のお陰で
私たちの商売は成り立っているということに感謝し
「鮨職人の立場で最善を尽くす」ということを
改めて考えさせてくれる大切な場所

水産仲卸

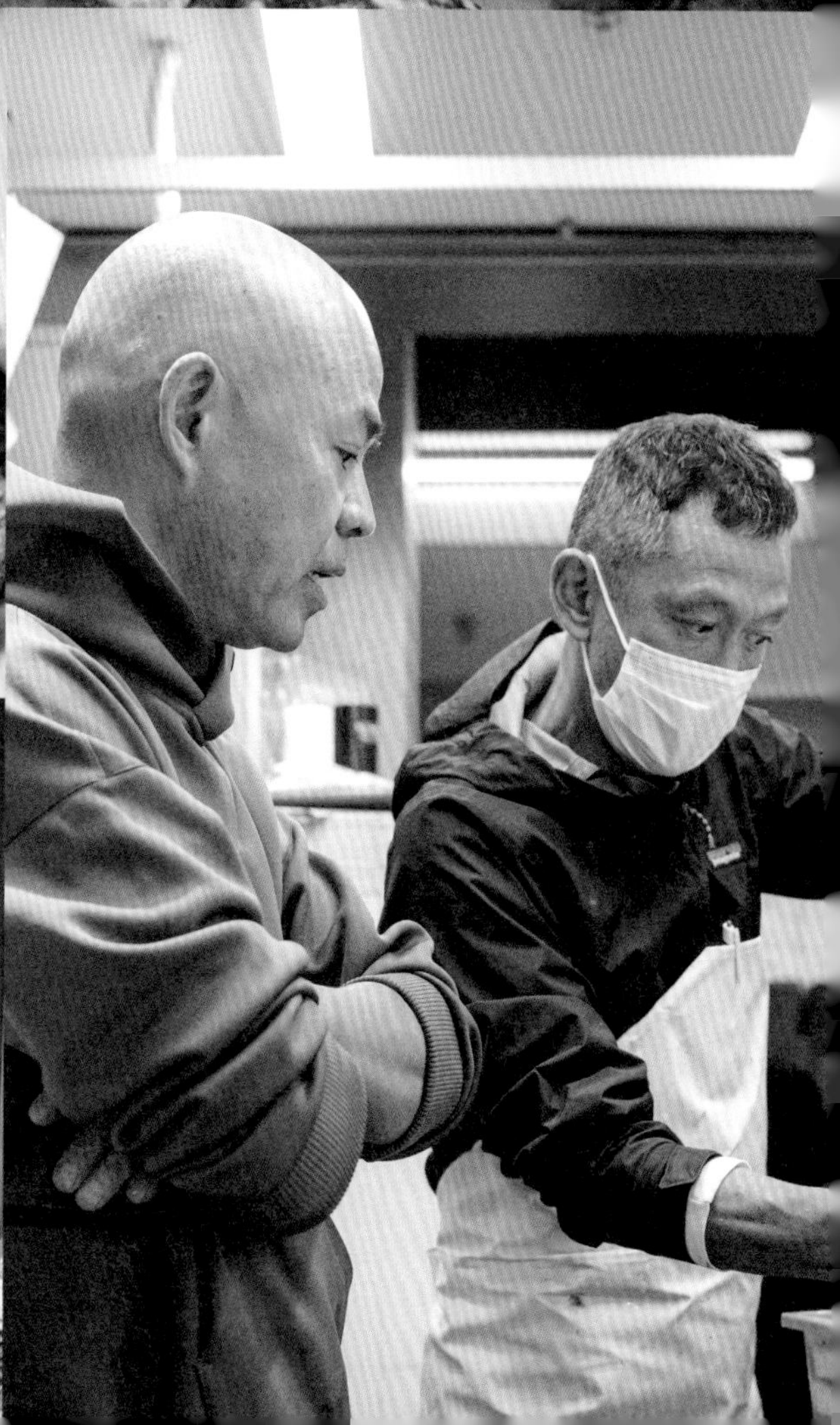

KANEKIN
有限会社 宇田川
UDAGAWA CO.,LTD.
創業1953

仕込みの風景

市場から届いた荷物を開き、魚を捌《さば》きはじめると仕込み場は混沌《こんとん》とした状態になります。しかし、丁寧に手当てをし、魚たちが磨かれ綺麗になっていく楽しさ、最後に水を流し、仕込み台を磨いて元通り清潔になっていく気持ちよさを毎日感じています。同じことの繰り返しですが、この地道な繰り返しこそが美味しい鮨、お客様の笑顔に繋がっているのです。

3年ほど前、仕込みを弟子たちに任せる決心をしました。それまではどうしても仕込みの細部まで気になって、こうした方がいい、ああした方がいいといちいち口を出しながら一緒に手を動かしていました。できるだけ黙っていようと思っても現場にいるとついつい言葉が出てしまう。いろんな人たちの思いが込められた大切な魚たちを無駄にしてはいけない、お客様に納得できるものを出さなければならないという気持ちが強すぎて、目を離せなかったのです。人が真に成長できるのは、自分で気づき、考え、自分なりの工夫ができるようになったときです。信用して任せる。葛藤《かっとう》はありましたが、いいチームワークができてきたなと感じています。

挑戦

職人人生の中での3大転機は「父親になったこと」「三つ星の返上」「コロナ禍」です。

私は2018年、45歳で父親になりました。三つ星を保持し続けて9年目のことで、息子が生まれる直前には、香港、そしてLDHのヒロさんと意気投合してパートナーシップを組み『鮨つぼみ』をオープンさせるなど、弟子たちの活躍の場も増やすことができたタイミング。ある程度責任を果たした気持ちになり、あとはこの六本木の店さえ守って、早めに引退し、余生は趣味に生きられたらいいと考えていたのです。でも、子どもが生まれ、その吸収力を目の当たりにして引退を考えていた自分を反省しました。人間って凄《すご》い。子どもの時のようなスピードでは成長できないものの、まだやれることはたくさんあると大きな刺激を受けたのです。

そこで、三つ星返上という決断にも至り「評価」に縛られず、純粋に仕事と向き合えるようになりました。本質を掴《つか》みたいと仕事をしているの

支店を任され、個性を発揮し始めている弟子たち。
右上／「3110NZ by LDH KITCHEN」の店長小林郁哉氏は、赤坂時代からの齋藤氏を支え、三つ星獲得、維持の時代を支えた。
「あの気迫ある仕事を間近で見れたのが私の財産」と語る。
右下／「鮨さいとう 麻布台ヒルズ店」の店長滝本純也氏。 左上／「鮨つぼみ」の店長川口蛍椰氏。
左下／「鮨さいとう」の隣のカウンターで、交代でつけ場に立つ沼尾隆佑氏と石川寛氏。
「“お客様に礼儀を尽くし、元気にしよう”“戦い方は自由だが、ズルはするな”と教えられてきたことが今とても役に立っている」と話す。

に、知らず知らず「評価」を気にして遠回りをしていたのかもしれません。でもそれが吹っ切れた時に一気に視界が広がりました。それまでは手を広げていくと目が届かなくなり「さいとう」というブランドが守れないのではないかとマイナスのことばかり気にしていましたが、鮨を未来に繋げていくことに役立てるのではないかと前向きに捉《とら》えられるようになったのです。

　そのタイミングでコロナ禍に突入。2ヶ月は昼間のテイクアウト営業だけになり、時間を持て余す日々……。あまりに時間があるので、毎朝六本木の店から俊治と歩いて築地、豊洲に向かう約2時間、今までのこと、これからのことなどあれこれ心に浮かぶことを飽きもせず語り合っていました。

　2000年に金坂《かねさか》さんのお店に入ってから約20年、改めて自分は仕事以外何もしてこなかったことを実感。旅行もしていない、趣味もない、家族と過ごす時間も僅《わず》かしかなく、社会貢献というようなことについても考える余裕がなかった。残りの人生、職人という仕事を超えて鮨ビジネスにも挑戦したい、プライベートも充実させたい……。これから自分自身の楽しみも見つけ、人間味を深めていきたい。コロナ禍は人生を見直す大きなきっかけとなりました。

　そこで着手し始めたのがオーテックという精密機器の会社と共同開発する「さいとう」仕様の寿司ロボットです。最初は、私の力具合を忠実に表現できる握り寿司ロボットに挑戦しました。これが完成すれば、回転寿司店を展開できることになります。しかし、シャリの握り具合は調整できてもネタの切り付けを再現するのは難しく断念し、巻き寿司に切り替えました。

　巻き寿司を自動で作れる機械はすでに世の中に普及していますが、「さいとう」のシャリ、私の力加減に調整したロボットの作る寿司は、本当に私が巻くのと遜色《そんしょく》ないどころか、さらに綺麗な仕上がりの「さいとう」の巻き寿司になるのです。この巻き寿司を多くの人に味わっていただきたい、子どもたちにも楽しく

食べられる巻き寿司で笑顔になってほしい……。

そこで考えたのが好きな具を選んでカスタマイズできる、しかも具は、子どもたちが好きな唐揚げ、エビフライなどの揚げ物や、焼き肉なども用意するというカリフォルニアロールを越えるようなエンターテインメントロールです。多くの人たちの口に入るようにするには価格を抑えなくてはいけません。具は冷凍や養殖が中心になるため、様々な寿司種を取り扱うマリンフーズと協力して商品開発を進めています。今は冷凍技術もかなりハイレベルで、生のまま運ぶよりも急速冷凍にしたほうが味がいい場合も多いですし、中毒を防げるので安全性も高まります。養殖も然《しか》り。養殖の仕方によっては天然よりも美味しいものもありますし、将来に向けて水産資源を守っていくためにも養殖の更なる普及は大切な課題かもしれません。養殖をはじめとした地域の特産物についても勉強しながら、鮨職人である私が行動を起こしていくことで何かしら社会貢献できたらいいなと考えています。

ロボット鮨の展開はまずはアメリカなどからスタートする予定ですが、2、3年以内には日本でも実現させたいと思っています。

2024年3月には麻布台《あざぶだい》ヒルズの新店がオープンしました。2027年には、札幌で開業する「TRUNK（HOTEL）SAPPORO」にも出店予定と、弟子たちの活躍の場を今後も増やしていきます。今の私のモチベーションは、「世界一福利厚生のいい鮨店にする」こと。私は仕事ばかりしてきましたが、これからの人たちにはプライベートも充実した人生を送ってほしいですから。そして、成長した息子に「父さん格好いい！」と言ってもらえたら嬉しいですね。

今年で約20年になりましたが、新年に鹿島《かしま》神宮（茨城県）に初詣するのが恒例になっています。祈祷《きとう》していただき、授けてもらったお札はそれぞれの店にお祀《まつ》りしています。鹿島神宮の参道は私のパワースポット。一年で一番心が動くときです。歩いていると力が漲《みなぎ》ってきて、「今年も1年たくさんの人を幸せにしたい」という気持ちを新たにできるのです。

齋藤孝司 バイオグラフィ

1972年12月		千葉県生まれ 高校時代は野球部。鮮魚店でアルバイト
1990年	18～23歳	高校卒業後、銀座の有名鮨店に入社
1995年	23歳	退社。26歳までの4年間、鮨割烹の店を渡り歩く 地元も戻りサーフィンに明け暮れるなど 鮨職人の道を進むのかどうか揺らぎの時間を過ごすことも
2000年	26歳	銀座の有名鮨店時代の１年上の先輩金坂氏の「鮨かねさか」オープン （新年の鹿島神宮参拝を始める）
2004年	31歳～	「鮨かねさか」赤坂店を任される
2007年	34歳	赤坂店を「鮨さいとう」という看板にして独立 ミシュラン一つ星獲得
2008年	35歳	ミシュラン二つ星獲得
2009年	36歳	ミシュラン三つ星獲得。以後返上まで三つ星保持
2013年	39歳	店舗を拡張。弟子の活躍の場としてカウンターを増設
2018年	45歳	「フォーシーズンズホテル香港」オープン LDHとタッグを組み、「鮨さいとう」プロデュースの「鮨つぼみ」オープン 息子誕生。父になる
2019年	46歳	六本木本店のみミシュランの星返上
2020年	47歳	新型コロナウィルスの影響で、初めて休業（２ヶ月テイクアウトのみ） LDHとタッグを組んだ第２弾、「3110NZ　by LDH Kitchen」オープン
2023年	50歳	「フォーシーズンズホテル バンコク」オープン 韓国・ソウルに弟子キム・ジュヨンのための「十四」オープン
2024年	51歳	麻布台ヒルズに「鮨さいとう」出店

「鮨さいとう」
東京都港区六本木1丁目4－5
アークヒルズ サウスタワー 1F

系列店
「鮨さいとう　フォーシーズンズホテル香港」
「鮨つぼみ」
「3110NZ by LDH Kitchen」
「鮨さいとう　フォーシーズンズホテルバンコク」
「鮨十四」
「鮨さいとう　麻布台ヒルズ」

あとがきにかえて

鮨さいとう
齋藤孝司

私が鮨職人を目指したのは、高校時代に鮮魚店でアルバイトをしていたことがきっかけです。さらに地元の鮨店の親方がとても格好良く見えたのと、お客様が笑顔になっている姿を見て「いい仕事だな」と憧《あこが》れを持ったからです。

修業に入るなら一流店に行くのがいいとアドバイスを受けて銀座の有名鮨店に入社しました。5階建で、カウンターだけでなく、個室、宴会席などもある規模の大きい鮨店でした。ですから、仕込みの量がとにかく多い。やってもやっても終わらない。しかも入社して3年は賄《まかな》いを作るとき以外は魚も包丁も触らせてもらえませんでした。鮮魚店でバイトをしていたので、魚は捌けるのにと不服に思いながら、ひたすら掃除に明け暮れる日々。3ヶ月経った頃逃げ出したことがありました。その時に「辞めたら終わり。やり続ければいつかチャンスは来る」と説得してくれたのが金坂さんです。

それから5年は捨てられた魚の切れ端や粘土を使って自主練をしたり「上手いな」「格好いいな」と思う先輩たちの真似をしたりして自分なりに成長する努力をしていました。諦《あきら》めない気持ちは、学生時代の厳しい部活で鍛えられていたこと、そして両親の育て方のお陰ととても感謝しています。

金坂さんは「数年後には絶対に店を持つからそのときは手伝って欲しい。それまでにいろんな経験を積んでおけ」と言って店を辞めていきました。私も金坂さん独立までの約4年の間、他の鮨店や和食店で働いたりもしましたが心が折れて地元に戻りサーフィンに明け暮れた時期もありました。

金坂さんが約束通り声をかけてくれたことで私の迷いは一切なくなり、今に至ります。金坂さんと出会っていなかったら今の「さいとう」はなかったと思います。本当にありがとうございました。「鮨かねさか」時代から一緒だった俊治は料理が大好きで、「さいとう」で働いてくれた時には料理のことをいろいろ教えてくれる頼り甲斐のある後輩でした。また、赤坂で独立した時から狭い厨房で一緒に働き三つ星を獲得した激動の時代を持ち前のクールさで支えてくれた郁哉《いくや》にも感謝しています。香港の久保田雅史、バンコクの丸山真琴、ソウルのキム ジュヨン、そして独立して頑張っているニューヨーク「Shion 69 Leonard Street」の宇井野詩音、ソウル「鮨正大」のイジョンデにも感謝。「さいとう」が支店を増やし良いブランド作りができているのは弟子たちの頑張りのお陰です。弟子を育てるのは難しいけれど、一緒に歩み、私も成長できています。

そして何よりも、未熟だった時代から叱咤《しった》激励し応援し続けてくださったお客様に感謝しています。全てのことはお客様から教わりました。私よりずっと年上なのに日々忙しくしながらも心身を鍛え、世の中に貢献する仕事をされている格好良いお客様を見て、私もそうなりたいと憧れながら仕事を続けてきました。これからもご指導お願いいたします。

最後に、仕事ばかり、かつ時に酔い潰れて帰った私の面倒を見たりと苦労ばかりかけている妻梓に、ありがとうと伝えたいです。

プロフィール

齋藤孝司　さいとう　たかし

1972年、千葉県生まれ。高校卒業後、銀座の有名鮨店で修業をつむ。2000年「鮨かねさか」に入店。2004年に「鮨かねさか」の赤坂店を任される。2007年、34歳で「鮨さいとう」として独立。10年間獲得していたミシュランの三つ星を2019年に返上。中目黒の「鮨つぼみ」「3110NZ by LDH Kitchen」プロデュースのほか、香港、バンコク、麻布台ヒルズ出店など、新たな活躍の場を広げている。

〈構成〉

フードライター

藤田実子　ふじた　みこ

雑誌・書籍などの食や旅の記事を中心に取材・執筆を重ねるなか、「鮨かねさか」赤坂店時代に齋藤氏を取材。オーソドックスな中にも細やかな工夫、配慮のある握りはもちろん、齋藤氏の人間的な魅力にも興味を惹かれ、以後プライベートで20年近く通う。

〈装丁〉 華本達哉（aozora）　　〈写真〉 佐藤顕子

鮨《すし》さいとう　鍛錬《たんれん》と挑戦《ちようせん》

2024年4月2日　初版発行

著者／齋藤孝司《さいとうたかし》

発行者／山下直久

発行／株式会社KADOKAWA

〒102-8177　東京都千代田区富士見2-13-3

電話　0570-002-301（ナビダイヤル）

印刷・製本／図書印刷株式会社

ISBN 978-4-04-400777-5　C0077